RECUEIL

DE

MOTS FRANÇAIS

DÉRIVÉS DE LA LANGUE LATINE

OUVRAGES DU MÊME AUTEUR

1. — RECUEIL DE MOTS FRANÇAIS dérivés de la Langue grecque.
2. — RECUEIL DE MOTS FRANÇAIS tirés des langues étrangères (asiatiques et européennes).

Pour paraître prochainement :

1. — Exercices adaptés aux dits recueils.
    NOTA. — Un spécimen de ces exercices se trouve placé à la suite de la table des matières.
2. — Recueil de Proverbes et de Citations provenant de la langue française et de quelques langues étrangères, suivis des expressions latines et grecques d'un usage le plus fréquent mis en ordre, commentés et expliqués (*en préparation*).

Saint-Amand. — Imp. et stéréot. de DESTENAY.

RECUEIL

DE

MOTS FRANÇAIS

DÉRIVÉS DE LA LANGUE LATINE

MIS EN ORDRE

PAR

Didier LOUBENS

Professeur à l'Association polytechnique.

« LABOR IMPROBUS OMNIA VINCIT »

Quatrième Édition

REVUE ET AUGMENTÉE

Ouvrage adopté dans les Écoles communales, municipales, normales, professionnelles et dans beaucoup d'Institutions de la ville de Paris, approuvé par plusieurs Membres de la Société des Gens de lettres, et honoré d'une Mention par la Société pour l'Instruction élémentaire.

PARIS

J. BONHOURE et Cⁱᵉ, ÉDITEURS

48, RUE DE LILLE, 48

1883

PRÉFACE

—

Dans la préface de ma première édition, j'ai dit avoir remarqué le peu d'attraits que présente aux enfants l'étude des langues mortes. Pour donner à cette étude l'attraction qui lui manque, j'ai réuni et groupé un certain nombre de mots latins, surtout ceux qui forment en français le plus de dérivés. C'est cette recherche des dérivés au moyen des racines qui a son utilité, en ce qu'elle apprend beaucoup de mots nouveaux en même temps qu'une orthographe bien raisonnée. Vingt ou vingt-cinq mots tout au plus à étudier suffisent pour une leçon ou un devoir, parce que ce travail entraîne des explications fort utiles au développement de l'intelligence. Cet ouvrage est donc fait plutôt pour aider les professeurs dans leurs leçons que pour être mis entre les mains des élèves, à moins que ceux-ci ne soient prêts à passer leurs examens.

Je répèterai ici ce que j'avais écrit précédemment pour les enfants qui commencent l'étude du latin, qu'ils peuvent (en suivant cette méthode et pourvu toutefois qu'ils connaissent assez bien leur analyse logique) traduire les premiers auteurs sans y éprouver de trop grandes difficultés et sans recourir à chaque instant à l'emploi du dictionnaire, source continuelle d'ennuis et de pertes de temps.

J'ai ajouté à cette nouvelle édition une table des matières, destinée à faciliter les recherches. Seulement, pour ne pas trop augmenter le nombre des pages dans lesquelles je désire me renfermer, je me suis borné à inscrire les mots racines ou principaux sans les faire suivre de tous les mots dérivés ou accessoires qu'il est très-facile de retrouver, du reste, à la **page** indiquée dans la table.

AVANT-PROPOS

Lorque les Romains firent la conquête de la Gaule, ils y introduisirent leurs mœurs, leurs lois et leur langage. Le Latin se naturalisa donc peu à peu parmi les peuples subjugués, mais il devait insensiblement dégénérer.

Cette altération inévitable s'accéléra, lorsque les Barbares eurent abattu la puissance romaine et consommé le démembrement de l'Empire. La révolution s'opéra rapidement dans la langue, car les peuples soumis, comme leurs vainqueurs, avaient besoin de s'entendre. De cette nécessité naquirent des idiomes nouveaux qui, pour être compris les uns et des autres, durent tout naturellement se composer d'éléments fort hétérogènes et se former d'altérations réciproques.

Néanmoins, le Latin conserva toujours sur les idiomes nouveaux une grande supériorité, de telle sorte que, malgré la confusion tirée du mélange de tant de peuples, il n'en fut pas moins le fond et la base des nouveaux langages. Il fut dénaturé et transformé pour satisfaire aux lois euphoniques qu'exigeaient les caprices du goût et les difficultés de la prononciation ; cependant, malgré les métamorphoses nombreuses qu'il a subies pour arriver jusqu'à nous, tels que changements, additions ou retranchements de syllabes, métathèses ou transpositions, l'origine latine est toujours parfaitement reconnaissable: Il suffit, pour s'en rendre compte, de se familiariser avec les altérations qui se présentent le plus fréquemment. La dérivation des mots français peut alors s'expliquer de différentes manières.

Dans les mots, il y a deux parties à distinguer: le *Radical*, la partie essentielle, et pour ainsi dire, la base du mot, puis la *Désinence* ou *Terminaison*.

Le *Radical*, invariable, exprime l'idée principale.

La *Désinence* ou *Terminaison*, variable dans les Substantifs, les Adjectifs, les Pronoms et les Verbes, exprime les circonstances ou les idées accessoires qui modifient diversement la pensée principale. Ainsi, dans *Herba, Hora, Populus, Caput, Tempus, Manus, Sensus*, etc. les radicaux *herb, hor, popul, cap, temp, man, sens* sont les souches de beaucoup de Dérivés.

Même sujet d'observation pour les Adjectifs, comme, par exemple, *Bonus, Malus, Medius, Purus, Fortis, Omnis*, etc. dont les radicaux sont: *bon, mal, medi, pur, fort, omn*, et pour les Verbes, comme *Armare, Considerare, Constituere, Credere*, etc., dont les radicaux sont: *arm, consider, constitu, cred*. Seulement, dans cette dernière espèce de mots, il est à remarquer que la plupart des Dérivés se forment du temps de l'infinitif, appelé *Supin*.

C'est donc de la combinaison des Radicaux avec les diverses Désinences que naissent toutes les formes d'une langue et, quoiqu'il soit difficile de fixer avec précision la valeur de chacune de ces Désinences, elles sont cependant significatives et, par conséquent, il est indispensable de les bien connaître pour déterminer d'une façon positive le vrai sens des mots.

NOTIONS PRÉLIMINAIRES

La langue latine n'a que neuf espèces de mots : il n'y a pas d'article.

La distinction entre les mots variables et invariables est la même qu'en français ; seulement, en latin, les mots variables comme le substantif, le pronom et l'adjectif modifient différemment leurs terminaisons. Ces variations se nomment des *cas* et se groupent par séries, appelées *déclinaisons*. Il y a six cas : le *nominatif*, le *vocatif*, le *génitif*, le *datif*, l'*ablatif* et l'*accusatif*.

Le *nominatif* est le cas qui représente le sujet d'une proposition : le *vocatif* est celui qui indique l'apostrophe ; il se confond souvent avec le nominatif ; le *génitif* forme les trois derniers cas. Le *datif* et l'*ablatif* sont les cas qui se rapportent aux régimes indirects et l'*accusatif* est le cas employé, en général, pour le régime direct.

La langue latine a un genre de plus que la langue française : c'est le genre *neutre*, appelé ainsi du mot latin *neuter*, qui veut dire *ni l'un ni l'autre*.

Quant aux *déclinaisons* qui sont au nombre de cinq,

1*

elles ont presque toutes un signe caractéristique. Ainsi, la première déclinaison se trouve avoir la lettre *a* dans tous ses cas, excepté au datif et à l'ablatif pluriel ; la quatrième a un *u* et la cinquième un *e*. On reconnaît les déclinaisons au génitif singulier. A la première, il est terminé par *ae ;* à la seconde par *i ;* à la troisième par *is*, à la quatrième par *ûs* et à la cinquième par *ei*.

Les verbes forment quatre classes ou conjugaisons et les changements de terminaisons désignent les *nombres*, les *personnes*, les *modes* et les *temps*. Quatre temps principaux servent à former tous les autres. Ce sont : *le présent de l'indicatif, le parfait de l'indicatif, le présent de l'infinitif et le supin*. C'est du *supin* que se tire, ainsi qu'on pourra le remarquer, la plus grande partie des mots français qui dérivent des verbes.

RECUEIL

DE

MOTS FRANÇAIS

DÉRIVÉS DE LA LANGUE LATINE

MOTS DÉRIVÉS DES SUBSTANTIFS

PREMIÈRE DÉCLINAISON

Génitif æ.

Substantifs masculins et féminins.

Abundantia. *abondance* abonder, abondamment, surabonder
surabondance, surabondamment.

Agricola. . *laboureur.* agricole, agriculteur, agriculture.

Alea. . . . . *hasard.* . aléatoire.

Ancora . . . *ancre* . . ancrer, ancrage, désancrer.

Anima. . . . *souffle,res*-animer, animation , animadversion,
piration . inanimé, *inanimation*, ranimer.

Aqua . . . . *eau* . . . aquarelle, aquarelliste, aquarium, aquatique, aqueduc (avec le verbe **DUCERE,**
conduire), aqueux, *aquifère* (avec le verbe
FERRE, porter), aquosité.

Aquila . . . *aigle* . . aquilin (nez).

Arca. . . . . *coffre* . . arche.

Arena. . . . *sable* . . arène, aréneux.

Barba. . . . *barbe* . . barbier, barbiche.

Bestia. . . . *bête* . . . bestiaire, bestial, bestialement, bestia-
lité, bestiaux, bestiole.

Bucca. . . . *bouche.* . bouchée, bouchon, déboucher, débou-
chement, emboucher, embouchure.

Capra. . . . *chèvre.* . se cabrer, cabri, cabriole, cabrioler, ca-
brioleur, Caprée (île de), caprice, capri-
cieux, capricieusement, Capricorne (le).

Catena. . . . *chaîne.* . cadenas, cadenasser.

Causa . . . . *cause* . . causer, causeur, causerie, *causette.*

Charta . . . . *papier* . . carton, cartonnier, cartonnage, charte, encarter.

Cœna . . . . *souper* . . cène, cénacle (salle à manger).

Columna . . . *colonne* . . colonnade.

Concha . . . *conque* . . coque, coquetier, coquille, coquillage.

Conscientia . *conscience* consciencieux, consciencieusement , conscient, inconscient, inconscience.

Copia . . . . *abondance* copieux, copieusement.

Corona . . . *couronne*. couronner, couronnement, découronner, découronnement, corolle, corollaire, coronal (os).

Culpa . . . . *faute* . . . coupable, culpabilité, se disculper, disculpation, inculper, inculpation.

Cura . . . . . *soin* . . . . curage, curer, cureur, curatelle, curation, curateur, curatrice, curable, curatif, cure (de curé, de médecin), curé, écurer, écurage, écureur, incurable, incurabilité, incurie, procureur, procuration, procurer, récurer, récurage, sécurité, sinécure, sinécuriste.

Deliciæ,arum *délices* . . délicieux, délicieusement.

Dextera . . . *main* . . . dextérité, dexte (côté droit), dextrement, *droite* . . ambidextre.

Diligentia . . *activité* . . diligent, diligenter, diligence, diligemment.

Doctrina . . . *enseigne-* .doctrine, doctrinaire, doctrinal, endoc-*ment* . . . triner.

Epistola . . . *lettre* . . . épistolaire (style), épistolier, épistolographe (avec le substantif grec γραφη, *graphè*, description), épître.

Fabula . . . . *fable* . . . fabuliste, fablier, fabliau, fabuleux, fafabuleusement.

Fama . . . . *renommée* famé (bien, mal), fameux, infâme, infamie, diffamer, diffamatoire (écrit), diffamation, diffamable, diffamateur, infamante (peine), infamation.

Familia . . . *famille* . famil ier, familiarité, familiariser (se), familièrement.

Fera . . . . . *bête* . . . (Voir l'adjectif FEROX.)

Figura . . . *figure* . . figurine, figuriste, figurant, figurer, figuration, figuratif (plan), figuré (style), figurément, figurativement, configurer, configuration, défigurer, transfigurer, transfiguration (avec la préposition TRANS, au delà).

Filia . . . . . *fille*. . . . filial (amour), filleule, fillette, filiation, filialement, affilier, affiliation.

Flamma . . . *flamme*. . flammèche, enflammer, inflammable, inflammatoire (fièvre). inflammation, flammant, flamber.

Forma . . . . *beauté* . . formal, formation, former, conforma-
forme . . tion, conforme, conformer (se), dif-
forme, difformer, difformité, réfor-
mer, réforme, réformateur, réformation, transformer, transformation,
uniforme, uniformité, uniformément.

Fortuna . . . *fortune*. . fortuné, infortune, infortuné.

Fuga. . . . *fuite*. . . fugue, fugace, fuyard, fugitif, fugitive-
ment, refuge, réfugier, (se), subter-
fuge (avec SUB, dessous), transfuge (avec
TRANS, au delà).

Gloria . . . . *gloire* . . gloriole, glorifier, glorification. glorieux, glorieusement.

Glossa. . . . *langue*. . glossaire (synonyme de vocabulaire).

Gratia . . . . *faveur*, . gracier, graciable, disgrâce, disgracier,
grâce . . disgracieux, disgracieusement.

Herba . . . . *herbe* . . herbier, herboriste, herborisation, her-
boristerie, herborisateur, herboriser,
herbage, herbette, herber, herbeux,
herbacé, herbivore, herbifère, herbi-
cole, herberie, herbière, herbu.

Historia . . . *histoire*. . historien, historiette, historier, histori-
que, historiquement, historiographe,
historiographier (avec le mot grec γραφειν,
graphein, écrire).

Hora. . . . . *heure* . . horloge, horloger, horlogerie, horaire,
(horoscope vient du grec).

Hostia . . . . *victime*. . hostie.

Industria. . . *activité* . industrie. industriel, industriellement,
industriel (un), industrialisme, indus-
trieux, industrieusement.

Injuria. . . . *injure*. . injurieux, injurier, injurieusement.

Insula . . . . *île*. . . . insulaire, *insularité*, péninsule, *pénin-
sulaire*.

Ira. . . . . . *colère* . . irascible, irascibilité.

Justitia. . . *justice*. . justiciable, justiciabilité.

Lacrymæ, *larmes*. . lacrymatoire (urne), lacrymale (glande).
arum. . .

Linea . . . . *ligne*. . linéaire, linéal, linéament, délinéation.

Lingua. . . . *langue*. . lingual, linguistique (la), linguiste (un).

Littera, æ . . *lettre*. . lettré, littérateur, littérature, littéraire
(œuvre), littérairement.

Luna . . . . . *lune* . . . lunaire (mois), lunatique, lunaison, lundi (avec le mot DIES, jour), sublunaire (avec la préposition SUB, sous).

Machina . . . *machine* . machiner, machination, machinateur, machiniste.

Macula . . . *tache* . . . macule, maculer, maculation, maculature, immaculée (avec le IN privatif).

Mappa . . . *carte* . . mappemonde (avec le mot MUNDUS, monde).

Materia . . . *matière* . matériel, matérialisme, matérialiste, matérialiser, matérialité, matériaux, matériellement, immatérialité, immatériellement.

Maxilla . . . *mâchoire* . maxillaire (os).

Memoria . . . *mémoire* . mémorial, immémorial, mémoratif, commémoration, commémoratif, commémorer, remémorer (se), remémoratif.
souvenir.

Mensa . . . . *table* . . . commensal, commensalité.

Musica . . . *musique* . musicien, musical, musicalement.

Natura . . . *nature* . . naturel (un, le), naturalisme, naturaliste, naturaliser, naturalisation, naturalité, naturellement, dénaturé, dénaturation, dénaturer, surnaturel, surnaturellement.

Nebula . . . *nuage* . . nébuleux (temps), nébuleuses (étoiles).

Norma . . . *règle* . . . normal, anormal, énorme, énormément, énormité.

Nauta . . . *matelot* . . nautique, nautonier, Argonautes (les).

Opera . . . *œuvre* . . opéra, opérette, opération, opératif, opérateur, opérer, opératoire, coopérer, coopération, coopérateur, coopératif.

Patria . . . *patrie* . . patriote, patriotisme, patriotique, patriotiquement, expatrier, expatriation, rapatrier, rapatriement.

Pecunia . . . *argent* . pécuniaire (argent) *pécuniairement*, pécule.
monnayé .

Penna . . . *plume* . panache, panacher, penne, empenner.

Petra . . . *pierre* . pétrifier, pétrification, pétrole, pétroleur (avec le mot OLEUM huile.)

Planta . . . *plante* . plant, plantage, planter, plantation, plantoir, planteur, déplanter, déplantation, implanter, implantation, replanter, replantation, transplanter, transplantation.

Pluma . . . *plume* . plumage, plumassier, plumée, plumer, plumeau, plumet, plumeux, déplumer, emplumer.

Pluvia . . . *pluie* . pluviale (eau), pluvieux (temps), pluvier,

Pluviôse (nom ancien de mois), pluviomètre (avec le mot grec μετρον, METRON, mesure).

Pœna . . . . *peine*. . . pénalité, pénitence, pénitent, pénitencier, pénal (code), peiner (se).

Poeta. . . . . *poète*. . . poétique, poétiquement, poétiser.

Porta. . . . . *porte*. . . portail, portique, portier, portière.

Potentia . . . *puissance*. plénipotentiaire (ministre), potentat, potentiel, omnipotent, omnipotence (avec l'adjectif OMNIS, tout).

Prœda. . . . *butin* . . déprédation.

Provincia , . *province* . provincial, Provence (la).

Purpura . . *pourpre* . purpurin, purpurine (face).

Reliquiæ, arum. . . . *restes* . reliquat, reliques, reliquaire, reliquataire.

Rosa. . . . . *rose* . . . rosace, rosacée, rosat, roseraie, rosette, rosé, rosier, rosière.

Scala. . . . . *échelle*. escale, escalier, escalade, escalader.

Scena . . . . *scène*. . . scénique (art).

Schola . . . *école*. . . scolaire, scolastique, scolastiquement.

Scientia . . *science*. . scientifique, scientifiquement.

Statua. . . *statue* . . statuette, statuaire (le, la), stature.

Stella . . . . *étoile* . . constellation, constellé, stellaire.

Summa . . . *abrégé*. . sommaire, sommairement.

Sylva . . . . *forêt*. . . sylvestre, sylvicole, sylviculture, sylviculteur, Sylvie, Sylvain.

Tabula. . . . *table*. . . tableau, tablette, tabletier, tabletterie, tablier.

Terra . . . . *terre*. . . terrain, terreau, terrée, terreux, terrier, terrine, territoire, territorial, terrasse, terrassier, terrasser, terrassement, terrestre, tertre, terrer, terrement , parterre , souterrain, souterrainement, enterrer, enterrement, déterrer, déterrement, Finistère le (avec le mot finis, fin).

Turba . . . . *foule*. . . turbulent, turbulence, turbulemment, *trouble*. . tourbe, tourbière, tourbillon, tourbillonner, perturbateur, perturbation.

Umbra, æ . . *ombre*. . ombrage, ombrageux, ombrer, ombragé (lieu), ombreux, ombrelle.

Unda, æ . . . *onde*. . . ondée, ondoyer, ondoiement, onduler, ondulations, ondulatoire, inonder, inondation, Ondines (les).

Vacca . . . . *vache* . . vaccin, vaccine, vacciner, vaccination, vaccinateur, revacciner.

Via. . . . . . *route*. . . viaduc, viatique, dévier, déviation, obvier.

Victoria . . . *victoire.* . victorieux, victorieusement, Victor, Victoria, Victorine.
Villa. . . . . *maison de.* village, villageois, villégiature.
     campagne.
Vita . . . . . *vie.* . . . vital, vitalité, viager, viable, viabilité.

(La première déclinaison n'a pas de noms neutres).

DEUXIÈME DÉCLINAISON

Génitif i.

Substantifs masculins (1)

Ager, agri . *champ* . . agraire (loi), agreste, agronome, agronocultivé. . mie, agronomique.
Agnus, agni . *agneau.* . agnelet (diminutif).
Amicus, ci . . *ami.* . . amical, amicalement.
Animus . . . *esprit* . . animosité, unanime, unanimité, unaniâme. . . mement (Voir le mot ANIMA).
Annulus. . . *anneau.* . annulaire (doigt), annelet, anneler.
Annus. . . . *année* . . annuaire, annuel, annuellement, annuité, annales, anniversaire, biennal (avec BIS, deux), triennal (avec TRES, trois).
Campus . . . *champ.* . camp, camper, campement, campagne, campagnard, campos (avoir), champêtre, décamper, décampement.
Capillus. . . *cheveu.* . capillaire (tuyau), capillarité.
Circus. . . . *tour.* . . cercle, cercler, cirque, circuit, circuler,
Circulus.   circulaire, circulation, circonstance, circonférence, circonflexe (accent), circonlocution (avec le verbe LOQUI, parler), circonscription, circonscrire (avec le verbe SCRIBERE, tracer), circonspection (avec le verbe SPICERE, regarder).
Deus . . . . . *Dieu* . . . déesse, déifier, déification, déisme, déiste, déité.
Digitus. . . . *doigt* . . . digital (terme d'anatomie), digitale (terme de botanique).
Discipulus . . *élève* . . . disciple, condisciple.
Dominus. . . *Seigneur.* domaine, domanial, dominical, dominicain, Dimanche (avec le mot DIES, jour).

---

(1) Pour trouver le Génitif des substantifs terminés en *us*, il n'y a qu'à substituer à ces deux lettres la lettre *i*. Les **substantifs**, terminés en *er*, rejettent la lettre *e* au génitif.

Equus . . . . *cheval* . . équestre (statue).
Faber,bri . . *ouvrier* . .fabricant, fabrication, fabrique, fabri-
quer, Lefèvre, orfèvre, orfévrerie
(avec le substantif AURUM, or).
Filius, lii. . . *fils* . . . filial (amour), filialement, filiation, filleul,
affilier, affiliation.
Fluvius,vii. . *fleuve* . . fluvial, fluviatile (plante), fluviomètre,
fluviométrique (avec le substantif grec
μετρον, METRON, mesure).
Gallus . . . . *coq* . . . gallinacé.
Gladius, dii . *épée* . . . gladiateur.
Globus. . . . *boule*. . . globe, globule, englober.
Hortus. . . . *jardin* . . horticole, horticulteur, horticulture
(avec le verbe COLERE, cultiver).
Legatus . . . *ambassa-*. légat, légation, légataire, délégation,
deur, en-. délégué (un), déléguer,délégataire, dé-
voyé. . . légatoire.
Liber,bri. . . *livre* . . .libraire, librairie.
Locus . . . . *endroit,*. local, localité, location, locataire, loca-
lieu . . . tif, locatives (réparations), *localiser, lo-*
calisation, localement, locomobile,
locomotif, locomotive, locomoteur,
locomotion (avec le verbe MOVERE,mouvoir).
Magister, tri.*maître*. . magister, magistrale (œuvre, tenue), **ma-**
gistralement.
Medicus . . . *médecin* . médecine,médicinale (plante), médeciner.
Minister,tri. *ministre* . ministère,ministériel,ministériellement.
Modus . . . .*manière,* modèle, modelage, modeler, modeleur,
mode . . modifier, modification, modiste, mo-
dule, modulation, démoder.
Morbus . . . *maladie*. morbide (teint), morbifique (principe).
Mundus . . . *monde* . . mondain, mondainement, mondanité.
Nasus. . . . *nez*. . . . naseau, nasal, nasale (fosse, voyelle), na-
salement, nasalité, nasiller,nasillard,
nasaliser, nasalisation, nasillement,na-
sillonnement, nasillonner, *nasigue.*
Nervus . . . .*nerf*. ·. nerver, nerveux, nerveusement, nervin,
nervure, énerver, énervante (chaleur).
Numerus, . . *nombre*. . numéral, numérateur, numération, nu-
méraire, numérique, numériquement,
numéro , numérotage , numéroter,
dénombrement, dénombrer, surnu-
méraire, surnumérariat.
Nuntius,tii. . *messager*. nonce, nonciature, annonce, annoncer.
Oculus . . . .*œil* . . . oculaire (témoin), oculairement, oculiste,
binocle, (avec le mot BIS, deux), monocle,
(avec l'adjectif grec μονος, MONOS, seul).

Philosophus. *philosophe* philosopher, philosophale, philosophique, philosophiquement, philosophisme, *philosophiste*.

Populus . . . *peuple* . . populace, populaire, populairement, populariser, popularité, population, populeux, impopulaire, impopularité, dépopulation, dépopulariser, dépeupler, dépeuplement, repeupler, repeuplement.

Puer . . . . . *enfant* . . puéril, puérilité, puérilement, puerpéral.

Servus . . . . *esclave* . . serf, servage, servile, servilisme, servilité, servilement, servante, servial, service, servir, serviteur, servitude, asservir, asservissant, asservisseur, asservissement, desservant, desservir.

Socius,cii . . *allié* . . . social, socialement, sociable, sociabilité, socialisme, socialiste, association, associé (un), s'associer.

Somnus . . . *sommeil* . somnambule, somnambulisme, somnifère (avec le verbe FERRE, porter), somnolent, insomnie, (avec in privatif).

Sonus . . . . *son* . . . sonate, sonner, sonnerie, sonnette, sonneur, sonore, sonorité, résonnement, résonner.

Tyrannus . . *tyran* . . tyranneau, tyrannie, tyranniser, tyrannique, tyranniquement.

Ventus . . . . *vent* . . . venter, venteux, ventilateur, ventilation, ventilateur, ventiler, Ventôse (nom ancien de mois), ventosité, éventail, éventailliste, éventer.

Vir . . . . . . *homme* . viril, virilement, virilité, virago.

Substantifs neutres (1).

Alimentum . *nourriture* aliment, alimenter, alimentation, alimentaire.

Argentum . . *argent* . . argenté, argenteur, argenter, argenterie, argentier, argentin (son), argenture, argentifère (avec le verbe FERRE, porter), *argenton*, désargenter.

Aurum . . . . *or* . . . . auréole, aurifère (avec FERRE, porter), aurification, aurifier, aurilique, orfèvre, orfèvrerie (avec le mot FABER, ouvrier,)dorer, doreur, dorure, dorade, redorer.

---

(1) Pour trouver le Génitif des Substantifs terminés en *um*, il faut substituer ces deux lettres à la lettre *i*.

Auxilium, lii. *secours.* . auxiliaire (un, troupe), auxiliatrice.
Bellum. . . . *guerre.* . . Bellone (la déesse), belligérant, belliqueux, rébelle, se rébeller, rébellion.
Beneficium . *bienfait* . bénéfice, bénéficier, bénéficiaire.
Brachium, *bras.* . . brachial (os), bracelet, branchage, bran-
chii. . . . . che, brassard, brassière, embranche-
ment.
Castellum. . *château.* . castel.
Cerebrum . . *cerveau.* . cérébrale (fièvre).
Cœlum. . . . *ciel* . . . céleste, Célestin, Célestine.
Collegium. . *collége.* . collégial, collégien.
Collum. . . . *cou* . . . col, collet, collerette, collier, se colleter, se décolleter, décollation, accolade, accoler, encolure.
Concilium,lii. *assemblée.* concile, concilier, conciliant, conciliable, conciliabule, conciliateur, conciliation, conciliatoire.
Consilium, lii. *conseil.* . conseiller, conseilleur, déconseiller.
Domicilium, *demeure* domicile, domicilier, domiciliaire (vi-
lii. . . . . . site).
Donum . . . *présent* . . don, donateur, donation, donataire, donatrice, donner.
Dorsum . . . *dos* . . . dorsale (épine).
Exemplum. . *exemple* . exemplaire (un, conduite), exemplairement.
Fatum . . . . *destin* . . fatal, fatalité, fatalisme, fataliste.
Ferrum . . . *fer* . . . ferrer, ferrerie, ferrage, ferreur, ferret, ferrant (maréchal), ferrement, ferraille, ferrailler, ferrailleur, ferrifère (avec le verbe FERRE, porter), Ferronnerie (rue de la), ferrugineux, ferrure, ferblanterie, ferblantier, déferrement, déferrer, *déferrure,* enferrer.
Filum . . . . *fil.* . . . filament, filasse, filer, filature, filateur, filière, défilé (un), défiler, enfiler, enfilade.
Folium,lii . . *feuille* . . feuillage, feuillée, feuille, feuilleter, effeuiller, foliacé, folio, in-folio, foliole, foliotage, folioter.
Forum . . . . *place* . . foire, forain (spectacle),
Frenum . . . *frein* . . . effréné (désir), réfréner.
Gaudium,dii. *joie* . . . gaudriole.
Hospitium,tii *logement.* hôpital, hospitalier, hospitalièrement, hospitalité, hospice, inhospitalier, inhospitalité.
Imperium,rii. *pouvoir,* impérial, impérialement, impérialisme,
comman- impérialiste, impératif, impérative-
dement. . ment, impérieux, impérieusement.

Incendium. dii . . . . . *Incendie* . incendier, incendiaire.

Incommodum *inconvé-* incommode, incommoder, incommo-
nient . dité, incommodant, incommodément.

Ingenium,nii. *esprit, in-* ingénieur, ingénieux, ingénieusement,
telligence. s'ingénier.

Initium,tii . . *commence-* initiales (lettres), initier, initiateur, ini-
ment . . tiation, initiative, initialement.

Instrumen- *moyen* . . instrument, instrumenter, instrumen-
tum . . . . tiste, instrumentale (musique), instru-
mentation.

Judicium,cii. *jugement.* judicieux, judicieusement, judicature,
judiciaire, judiciairement.

Malum. . . . *mal* . . . (Voir l'adjectif MALUS, méchant).

Medicamen - *remède* . médicament, médicamenter , *médica-*
tum . . . . *mentation*, médicamenteux, médica-
mentaire (code).

Medium,dii . *milieu* . . (Voir l'adjectif MEDIUS). .

Metallum . . *métal* . . métalliser, métallisation, métallique,
métalloïde, métallurgie, métallurgi-
que, métallurgiste, métallifère (avec le
verbe FERRE, porter).

Monumen- *monument* monumental.
tum . . . .

Negotium,tii. *affaire* . . négoce, négociant, négociateur, négo-
cier, négociable, négociation.

Odium . . . . *haine* . . odieux, odieusement.

Officium,cii . *devoir* . . office, officiel, officiellement, officier,
officieux, officieusement,officinal, of-
ficine.

Organum . . *machine,* organe, organique, organisateur, orga-
instrument nisation, organiser, orgue,organisme,
organiste, désorganiser, désorganisa-
tion, désorganisateur, réorganiser,
réorganisation.

Ornamentum *ornement* . *ornementer* , *ornementation* , ornema-
niste, *ornemental.*

Ovum . . . . *œuf.* . . . ové, ovaire, ovalaire, ovale, ovipare
(avec le verbe PARERE, mettre au monde),
ovivore (avec le verbe VORARE, dévorer),
ovoïde, *ovoïdale* (forme).

Periculum. . *danger.* . péril, périlleux, périlleusement, péri-
cliter.

Pretium,tii. . *prix,* . précieux, précieusement, préciosité, ap-
récompense précier, appréciation, appréciable,ap-
préciatif, appréciateur, déprécier, dé-
préciation,*dépréciateur*, inappréciable.

Remedium. . *remède,* . remédier, remédiable, irrémédiable, ir-
  moyen. . . rémédiablement.
Sæculum . . *siècle* . . séculaire (fête, arbre).
Saxum. . . . *rocher.* . saxifrage (avec le verbe FRANGERE, briser).
Scutum . . . *bouclier* . écuyer, écuyère.
Sepulcrum. . *tombeau* . sépulcre, sépulcral.
Signum . . . *signe, si-* signaler, signalement, signaux (des), si-
  gnal. . . . gnet, signataire, *signature*, signifier,
   signification, désigner, désignation.
Spectaculum. *spectacle* . (Voir le verbe SPECTARE, regarder).
Stagnum. . . *étang* . . stagnation, stagnante (eau).
Studium, dii. *étude.* . . studieux, studieusement.
Verbum. . . *mot* . . . verbe, verbal, verbalement, verbaliser,
   proverbe, proverbial, proverbialement.
Vestigium, . *trace.* . . vestige, investigateur, investigation.
 gii.
Vinum. . . . *vin* . . . vineux, vinicole, (avec le verbe COLERE,
  cultiver), vinification, aviner (teint),
  aviner.
Vitium, tii. . *défaut.* . . vice, vicier, vicieux, vicieusement.

TROISIÈME DÉCLINAISON

Génitif is (1).

Substantifs masculins et féminins.

Anguis. . . . *serpent.* . anguille.
Apis. . . . . *abeille.* . *apiculteur, apiculture.*
Arbor . . . *arbre* . . arboricole, arboriculteur, arboriculture,
  arborer (un drapeau), arborisation, ar-
  borescent, arboriste, abri, abriter.
Ars, artis . . *art* . . . artiste, artistement, artistique (œuvre),
  artifice, artificier, artisan.
Auctoritas. . *autorité* . autorisation, autoriser, autoritaire.
Auris. . . . . *oreille.* . auricule, auriculaire (témoin), oreillard,
  oreiller, oreillette, oreillon.
Bos, bovis . . *bœuf.* . . bouverie, bouvier, bovine (race).
Calamitas, . *malheur.* calamité.
 tatis. . . . *désastre.*

---

(1) Lorsque le Substantif est terminé par *is* au Nominatif, le mot reste, en général, le même au Génitif.

Calor. . . . . . *chaleur.* . . calorifère (avec le verbe FERRE, porter), ca-
lorifique, calorique, calorimètre (avec
le mot grec μετρον, metron, mesure), caléfac-
tion, *caléfacteur* (avec le verbe FACERE,
faire.)

Calx, calcis . *chaux* . . calcaire (pierre), calciner, calcination.

Canis. . . . . *chien.* . . caniche, canine (faim, dent), canicule, ca-
niculaire (jour). canaille.

Carbo, onis. . *charbon* . carbone, carbonifère (avec FERRE, porter),
carbonate, carbonique (acide), carboni-
ser, carbonisation, charbonnier.

Caro, carnis. *chair.* . . carnage, carnassier, carnassière, carna-
tion, carnaval, carnier, carnifier, car-
nivore (avec le verbe VORARE, dévorer), car-
nosité, charnel, charnier, charnu,
décharner, incarnat, incarnation, s'in-
carner.

Cinis, neris . *cendre.* . cinéraire, incinération, incinérer.

Civis. . . . . *citoyen.* . civil, civilement, *civilisable*, civilisateur,
civilisation, civiliser, civilité, civi-
que, civisme, incivil, incivilement,
incivilité, incivique, incivisme.

Clamor. . . . *cri.* . . . . clameur, acclamer, acclamation, décla-
mer, déclamateur, déclamation, dé-
clamatoire (ton). exclamation, exclamatif (point). proclamation, proclamer,
réclame, réclamation, réclamer, *s'exclamer.*

Clavis. . . . . *clé.* . . . . clavecin, clavette, clavier, clavicule.

Color . . . . . *couleur.* . coloré, coloration, coloriage, colorier,
coloris, colorisation, coloriste, colo-
rante (matière), décoloré, décoloration,
incolore, multicolore (avec l'adjectif MUL-
TUS, nombreux). tricolore (avec TRES, trois).

Conjux, jugis. *époux,* . . conjugal, conjugalement,

Consul. . . . . *consul* . . consulat, consulaire.

Crinis . . . . *chevelure* . crin, crinier, crinière, *crinoline.*

Crux, crucis. *croix.* . . . crucifix, crucifier (avec le verbe FINGERE,
attacher), crucifiement.

Cutis . . . . . *peau.* . . cutané, cutanée (maladie).

Dens, dentis. *dent.* . . . dentaire, dental, denticule, dentier,
dentifrice, dentition, denture, den-
teler, dentelle. dentelière, édenter,
(odontalgie, odontalgique viennent du
grec).

Dignitas, atis. *dignité.* . dignitaire (Voir l'adjectif DIGNUS, digne).

Dolor. . . . . *douleur* . douloureux, douloureusement,endolori.
Dos, dotis . . *don,* . dot, doter, dotal, dotation.
         qualité. .
Error. . . . . *erreur*. . . erroné, erratum, errata, errement,
         aberration.
Fames, is. . . *faim*. . . famine, famélique, affamer.
Favor . . . *faveur*. . favori, favoriser, favoritisme, favorable,
         favorablement, défaveur, défavora-
         ble, défavorablement.
Febris . . . . *fièvre* . . fébrile,fébrifuge(avec le verbe **FUGERE**, fuir).
Felicitas,atis,*bonheur* . (Voir l'adjectif **FELIX**, heureux).
Felis . . . . . *chat* . . . féline (race).
Finis. . . . . *fin*. . . final, finalement, confins, confiner
         (avec la préposition **CUM**).
Flos, floris. . *fleur* . . .fleurette, fleurir, fleuron, fleuriste, flo-
         ral, floraison, Flore (déesse), Floréal
         (nom ancien de mois), Floraux (les jeux), dé-
         fleurir.
Fons, fontis . *source* . . fontaine, fontainier, fonts (baptismaux).
Frater, tris . *frère*. . . fraternel, fraternellement, fraterniser,
         fraternité, fratricide, confraternité,
         confrère, confrérie (avec la préposition
         CUM).
Fraus, audis . *ruse* . . fraude, frauder, fraudeur, frauduleux,
         frauduleusement.
Frons, ontis . *front*. . . frontal (os), fronteau, frontière, frontis-
         pice, fronton, froncer (les sourcils), fron-
         cement, affront, affronter, effronté,
         effrontément, effronterie, confronta-
         tion, confronter.
Frux, gis. . . *fruit*. . . .frugivore (avec le verbe **VORARE**, manger).
         (Voir le substantif **FRUCTUS**, fruit).
Gens, gentis.*nation*. . . Gentils (les), gentilité, gentilhomme,
         gentilhommerie (avec le substantif **HOMO**,
         homme).
Grex, gregis. *troupeau,* agregat, agréger, agrégation, congréga-
         foule. . . tion, congréganiste (avec la préposition
         CUM), *désagréger, désagrégation,* ségré-
         ger, ségrégation.
Gurges,gitis. *gouffre,* . gorge, gorgée, engorger, engorgement,
         abîme. . . dégorger, dégorgement, *dégorgeoir*.
Homo, minis.*homme* . .homicide (Voir l'adjectif **HUMANUS**, humain).
Honor . . . . *honneur* . honorer, honorable, honorabilité, hono-
         rablement , honoraire , honorariat,
         honorifique,déshonneur, déshonorer.
Hospes, pitis.*hôte* . . . (Voir le substantif **HOSPITIUM**, logement).
Hostis . . . . *ennemi*. . hostile, hostilement, hostilité.

Humor . . . .*liquide,* .humeur, humoral, humoriste, *humo-*
eau . . . *ristique.*

Ignis. . . . .*fou* . . .igné, ignition, ignicole (avec le verbe CO-
LERE, adorer).

Imago, ginis.*image* . .image, imagerie, imaginaire, imaginer,
imaginable , imagination, inimagi-
nable.

Index, dicis . *marque,* index (doigt), indice, indicateur, indica-
signe . . tion.

Infans, antis. *enfant* . .infanticide, enfantin, enfantillages.

Judex, dicis.*juge* . . .judicieux, judiciaire, judicature, judiciairement, se déjuger , extrajudi-
ciaire (avec la préposition EXTRA, hors).

Labor, ...*travail* . .labeur, labour, labourable, labourage,
labourer, laboureur, laboratoire, la-
borieux, laborieusement, collaborer,
collaborateur, collaboration.

Lampas, adis..*lampe* . .lampadaire, lamperon, lampion, lam-
piste.

Lapis, idis. . *pierre* . .lapidaire, lapidation, lapider, lapidifi-
cation, lapidifier, lapidifique, lapides-
cent, dilapider, dilapidation.

Latro, onis. . *voleur* . .larron.

Legio, onis. . *légion* . .légionnaire.

Leo, leonis. . *lion*. . . .léonin, léonine (race), Léo (nom).

Lex, legis . . *loi*. . . .légal, légalité, législateur, législation,
législature, législatif (corps), législati-
vement, légiste, légitimation, légi-
time, légitimer, légitimement, légiti-
mité, legs, illégal, illégalité, illéga-
lement, illégitime, illégitimité, illégi-
timement, privilège, privilégier (avec
l'adjectif PRIVUS, particulier).

Lis, litis . . .*procès*. . .litige, litigieux (cas).

Lux, lucis . . *lumière* .lucide, *lucidement,* lucidité, lucarne,
élucider, élucidation.

Mater, matris.*mère*. . . maternel, maternellement, maternité,
matricide, marraine, matrone.

Mens, mentis.*esprit* . mental (calcul), mentalement.

Mensis. . . .*mois*. . .mensuel, mensuellement, trimestre (avec
TRES, trois), semestre (avec SEX, six).

Merx, mercis.*marchan-* mercier, mercerie, mercantile, *mercan-*
dise. . . *tilisme,* mercenaire.

Messis. . . .*moisson* .Messidor (mon ancien de mois), messier,
moissonner, moissonneur.

Miles, litis. .*soldat* . .milice, milicien, militaire, militaire-
ment, *militarisme,* militant, militer.

Moles, lis . . *masse* . . molécule, moléculaire.

Mons, montis. *mont.* . . , montée, monticule, montagne, monta-
gnard, montagneux, Montmartre (avec
le nom du Dieu *Mars*, MARTIS), démon-
tage, démonter, remontage, remonter,
remontoir, surmonter.

Mors, mortis. *mort.* . . . mortel, mortellement, mortalité, morti-
fère (avec le verbe FERRE, porter), mor-
tuaire (acte), immortaliser, immortalité, immortel, immortellement.

Mos, moris . . *coutume* . moral, moralement, moralité, moraliste,
usage. . . . moralisation, moraliser, mœurs (les).

Natio, onis . . *nation* . . national, nationalité, nationalement,
international, *nationaliser*.

Navis . . . . *vaisseau* . navire, navigable, navigateur, navigation,
naviguer, naviculaire (os), nacelle,
nef.

Nepos, otis . . *neveu* . . népotisme.

Nix, nivis . . *neige.* . . Nivôse (nom ancien de mois).

Nox, noctis . *nuit.* . . . noctambule, noctambulisme (synonymes de
somnambule, somnambulisme), nocturne, noc-
turnement, équinoxe, équinoxial (avec
l'adjectif ÆQUUS, égal).

Occasio, onis. *occasion* . occasionnel, occasionellement, occasionner.

Odor. . . . . . *odeur* . . odorant, odorat, odoriférant, odorifique,

Orator. . . . *orateur.* . oratoire, oratoirement, Oratoriens (les).

Orbis . . . . *globe.* . . orbe, orbiculaire, orbiculairement, or-
bite, orbitaire, exorbitant.

Ordo, ordinis. *ordre* . . ordinal (nombre), ordinateur, ordination,
rang. . . . ordonnance, ordonnancer, ordonnan-
cement, ordonner, coordonner, coor-
dination, désordre, désordonné, dé-
sordonnément.

Origo, ginis. *origine.* . . originaire, originairement, Origène (nom).

Oriens, entis. *orient* . . oriental, orientaliste, orientation, Orien-
taux (les), orienter, désorienter.

Ovis. . . . . . *brebis* . . ovine (race ou paste), ovation.

Panis. . . . . *pain.* . . panade, paner, panée (viande), paneterie,
panetière, panification, *panifier*.

Pars, partis . *part.* . . partage, partager, partageable, parte-
naire, partie, participation, participer,
particularité, particule, particulariser,
partiel, partiellement, partisan, parti-
tion, partitif, se départir.

Passer. . . . . *moineau.* passereau.

Pater, patris .*père*. . . paterne (air), paternel, paternellement, paternité, patriarche, patriarcal, patricien, parricide, (1) patrimoine, patrimoniale, parrain, patron, patronage, patronale (fête), patronner, (patronymique, vient du grec.)

Pavo, onis . . *paon*. . . se pavaner.

Pax, pacis. . *paix*. . . pacifier, pacifique, pacifiquement

Pellis. . . . . *peau*. . . pelleterie, pelletier, pellicule, pelage, peler (un fruit), pelisse, pelure.

Pes, pedis . . *pied*. . . . pédale, pédestre, pédestrement, pédicure (avec le verbe CURARE, avoir soin), pédiluve, pédimane (avec le mot MANUS, main), pédoncule, piédestal, piétiner, piétinement, piéton, bipède (avec BIS, deux), fissipède (avec le mot FISSUS, divisé), quadrupède (avec QUATUOR, quatre), solipède (avec l'adjectif SOLUS, seul.)

Pestis . . . . *peste*. . . pestifère, pestiférer (avec FERRE, porter), *fléau*. . . pestilence, pestilent, pestilentiel.

Piscis. . . . . *poisson* . piscine, pisciculteur, pisciculture (avec le verbe COLERE, élever, soigner.)

Plebs, plebis.*peuple*. . . plèbe (synonyme de populace), plébéien, plébiscite, plébiscitaire.

Pons, pontis.*pont*. . . ponté (vaisseau), ponton, pontonage, pontonnier.

Potestas, atis.*pouvoir*. . podestat.

Princeps,   *prince,*   principauté, principal (un). **cipis**. . . . *chef.*

Pulvis, veris.*poussière* .pulvériser, pulvérisable, *pulvérisateur*. pulvérisation, pulvérulent.

Quies, quietis.*repos* . . quiétude, inquiet, inquiéter, inquiétude.

Radix, dicis . *racine* . radical, radicalement, *radicalisme*, radicelle, radis, déraciner, déracinement, enraciner, enracinement.

Ratio, onis. . *raison* . rationnel, rationnellement, rationalisme, rationaliste, irrationnel.

Regio, onis. . *pays*. . . région, régional (concours).

Religio, onis.*religion* .religieux, religieusement, coréligionnaire, irréligion, irréligieux, irréligieusement.

Rex, regis . . *roi*. . . . régent, régenter, régal, régir, régicide, régisseur.

---

(1) On devrait dire *patricide* comme on dit *fratricide.*

Rumor. . . . *bruit*. . . rumeur.
Sacerdos,otis *prêtre*. . sacerdoce, sacerdotal.
Salus, utis. . *salut* . . saluer, salutation.
Sanguis, inis.*sang* .. . sanguin, sanguinaire, sanguification, sanguinolent, sangsue, consanguin, consanguinité, (avec la préposition CUM).
Senex, nis . . *vieillard*. sénile, sénilité.
Sermo, onis . *discours* . sermon, sermonnaire, sermonneur, sermonner.
Societas, atis.*société* . (Voir l'adjectif SOCIUS, allié).
Sol, solis . . .*soleil* . . solaire, solstice, insolation , parasol, tournesol.
Sors, sortis. . *sort*. . . sorcier, sorcellerie, sortable, sortilége, ensorceler, ensorceleur, ensorcellement, désensorceler, désensorcellement.
Splendor. . . *splendeur*.splendide, splendidement, resplendir.
Stupor . . . *étonne-* . .stupeur, stupéfaction, stupéfait, stupéfier (avec le verbe FACERE, faire).
ment . . .
Terror.. . . . *terreur* . terrorisme, terroriste, terroriser.
Testis . . . .*témoin* . attester, attestation, testimonial.
Timor . . . . *crainte* . . timoré.
Turbo,binis . *tourbillon,turbine*, turbinite.
rotation. .
Unguis. . . .*ongle* . . ongulé, onguiculé.
Urbs, urbis. . *ville* . . urbain, urbanité, *urbaniser*, suburbain (avec la préposition SUB, sous).
Vallis . . . .*vallée*. . vallon.
Vapor. . . . .*vapeur* . vaporeux, vaporiser, vaporisation, évaporer, évaporisation.
Venter, tris . *ventre*. . ventru, ventricule, ventriloque, ventriloquie, ventrière (-sous), éventrer.
Veritas, atis *vérité*. . véritable, véritablement.
Vestis . . . . *vêtement*. veste, veston, vestiaire, vestibule, vêture, vêtir. dévêtir, travestir, travestissement, revêtir, revêtement.
Virgo, ginis . *jeune fille*.vierge, virginité, virginal, virginalement, Virginie.
Virtus, utis . *vertu* . . vertueux, vertueusement.
Vitis . . . . . *vigne*. . *viticole, viticulteur, viticulture*.
Voluptas, . . *plaisir* . volupté, voluptueux, voluptueusement, voluptuaire.
atis. . . . .
Vox, vocis . .*voix* . . voyelle, vocable, vocal, vocalise, vocaliser, vocalisateur, vocalisation, vocabulaire, vocation, vocatif, vociférer, vocifération.(Voir le verbe VOCARE, appeler).

Substantifs neutres.

Aer (1) . . . . . *air.* . . . aéré, aérien, aérage, aération, aérer, aérification, aériforme (avec le mot **FOR-MA,** forme), aérifère (avec le verbe **FERRE,** porter), aériser, aéronaute (avec le mot **NAUTA,** matelot), *aérostier* (aérographie, aérolithe, aérologie, aéromètre, aérostat, aérostation, aérostatique viennent du grec).

Animal . . . . .*animal* . animalcule, animaliser, animalisation, animalité.

Cadaver . . . *cadavre.* cadavéreux (teint), cadavérique (odeur).

Caput, pitis . *tête.* . . . capital, capital (le) *capitaliser,* capitale (la) capitale (loi, peine), capitalement, capitaine, capiteux, Capitole (le), Capitulaires (les), capeline, capuchon, capituler, capitulation, chapitre, décapiter, décapitation, occiput, occipital (os), récapituler, récapitulation, récapitulatif, Capétiens (les), Hugues Capet.

Carcer . . . . *prison* . incarcérer, incarcération.

Corpus, poris.*corps* . . corporation, corporel, corporellement, corpulent, corpulence, corpuscule, incorporer, incorporation.

Crus, cruris . *jambe* . . crural (os).

Decus, coris. *ornement.* décor, décorateur, décoration, décorer, décoratif (art), décorum.

Examen . . . *examen* . examiner, examinateur.

Fœdus, deris.*alliance,* fédéré, fédéralisme, fédéraliste, fédéral, *traité* . . (conseil), fédération, fédératif, fédérative (république), confédéré, confédération, confédératif, confédérative (avec la préposition **CUM**).

Frigus, oris. . *froid.* . . frigorifique, réfrigérant, réfrigérer.

Fulmen, *foudre* . . fulminate, fulmination, fulminer, ful-**minis** . . *tonnerre* . minante (poudre).

Funera, rum.*funérailles*funéraire (urne).

Genus, neris.*espèce,* genre, général, généralement, généra-*race* . . . lité, généralisation, généraliser, générateur, génération, générique, congénère (avec la préposition **CUM**), dégénérer, dégénération.

---

¹ Ce mot et ses dérivés ont été portés à cette page par erreur.

Gramen, mi-*gazon,* gramen, graminées (les).
nis. . . . . *herbe.*
Guttur. . . . *gosier.* . guttural, gutturaux (sons), goître, goî-
gorge. treux.
Iter, itineris. *chemin.* . itinéraire.
Jus,juris. . . *droit ,* . juré, juridique, jury, jurisconsulte (avec
justice . le verbe CONSULERE, examiner), jurispru-
dence (avec le mot PRUDENTIA, sagesse)
juridiction (avec le verbe DICERE, dire),
parjure, parjurer.
Lac, lactis. . *lait.* . . . lactée (voie), lactate , lactifère (avec le
verbe FERRE, porter), lactique,(galactomè-
mètre vient du grec).
Latus, teris .*côté.* . . . latéral, latéralement, collatéral.
Legumen, *légume* .. légumineux.
minis.
Littus,ttoris .*rivage.* . . littoral.
Lumen, mi- *lumière* ..luminaire, lumineux, lumineusement,
nis. lumignon, enluminer, illumination,
illuminer.
Mare, ris. . *mer.* . . . marée , marécage , marécageux , ma-
rin, marine, marinier, marinade, ma-
rais, maritime, amariner, amarinage.
Marmor. . . . *marbre* ..marmoréen.
Munus, neris..*présent* .. rémunération,rémunérer,rémunérateur.
Nomen,minis *nom* . . nommer, nomination, nominatif, nomi-
nal (appel), nominativement, prénom,
prénommer, pronom, pronominal (avec
la préposition PRO, pour), dénommer, dé-
nominateur, dénomination,dominatif.
Onus, oneris..*fardeau.* onéreux, *onéreusement,* exonérer, exonération (avec la préposition EX, hors de).
Opus, operis..*travail,* . opérer, opération,opérateur, opératoire
ouvrage . (médecine), opuscule.
Os, ossis . . .*os.* . . . ossature, osselet, ossement, ossifica-
tion, ossifier, osseux, ossuaire (sys-
tème), désossement, désosser.
Pectus, toris..*poitrine* . pectoral (sirop), pectorale (pâte), expectorer, expectoration.
Pondus,deris *poids.* . . pondérable (matière), pondérer, pondéra-
tion, pondérateur (pouvoir), impondéra-
ble , prépondérance , prépondérant
(avec la préposition PRÆ, avant).
Rus, ruris. . .*campagne* .rural, ruraux (biens).
Scelus,leris .*crime.* . . scélérat, scélératesse.
Semen,minis..*semence.* ensemencer, ensemencement, dissémi-
ner, dissémination.

2*

Sidus, deris . *astre* . . sidéral, sidérale (année).
Tempus, po- *temps* . . tempéré, température, temporel, tempo-
ris. . . . . rellement, temporaire, temporaire-
ment, temporiser, temporisation, in-
tempestif, intempestivement, intem-
périe, printemps (avec l'adjectif PRIMUS,
premier), contretemps (avec la préposition
CONTRA, contre).
Sulfur. . . *soufre* . sulfure, sulfureux, sulfurique.
Vulnus, neris. *blessure*. vulnéraire, vulnérable, invulnérable, in-
vulnérabilité, invulnérablement.

QUATRIÈME DÉCLINAISON

Génitif **ûs** (1).

Substantifs masculins et féminins.

Apparatus. . *préparatif* apparat, appareil, appareillage, appa-
reiller, apparaux.
Cantus. . . . *chant* . . cantate, cantilène, cantique.
Casus . . . . *cas, chûte*. casuiste, casualité, casuel, casuelle-
ment, occasion, occasionner, occa-
sionnel, occasionnellement.
Cursus. . . . *course*. . . coursier (Voir le verbe CURRERE, courir).
Domus. . . . *maison*. · domicile, domiciliaire (visite), domicilier,
domesticité, domestique, domestique-
ment.
Equitatus . *cavalerie*. équitation.
Eventus. . . . *événement* éventuel, éventualité, éventuellement.
Exercitus . . *armée* . . (Voir le verbe EXERCERE, exercer).
Fluctus . . . *flot* . . . flux, reflux, refluer, fluctuation, fluc-
tueux (Voir le verbe FLUERE, couler).
Fructus . . . *fruit*. . . fructifier, fructueux, fructueusement,
Fructidor (nom ancien de mois), fructifica-
tion, infructueux, infructueusement.
Gestus . . . . *geste*. . . gesticuler, gesticulation.
Gradus. . . . *degré*, . . grader, gradation, gradin, graduer,
grade . . graduation, graduel, graduellement,
dégrader, dégradation, dégrader (se),
dégradant, *dégradement*, rétrograde,
rétrograder, rétrogradation.
Gustus. . . . *goût* . . . déguster, dégustation, dégustateur.

---

(1) Au génitif, il y a sur la lettre *u* un accent circonflexe.

Impetus. . . *impétuosité* impétueux, impétueusement.
Lacus. . . . *lac*. . . . lacustre (habitation), lagune.
Magistratus. *magistrat*. magistrature.
Manus. . . . *main* . . manier, maniable, manuel, manuelle-
ment, manipuler, manipulation, ma-
nipulateur, manufacture, manufactu-
rer, manufacturier (avec le verbe FACE-
RE, faire), manège (avec le verbe AGERE,
conduire), manœuvre, manœuvrer, ma-
nouvrier , manutention, manivelle,
manuscrit, bimane (avec BIS, deux),
quadrumane (avec QUATUOR, quatre).
Metus. . . . *crainte*. . méticuleux.
Motus. . . . *mouve-* . . moteur, motrice (force), motion, émo-
ment. . . tion, émotionner, commotion, loco-
motion (avec le substantif LOCUS, lieu).
Passus. . . . *pas* . . . passer, passerelle, impasse, passade, pas-
sage, passager, dépasser, repasser.
Potus. . . . *boisson*. . potable (eau), potabilité, pot, potion,
potage, potée d'eau (une).
Risus . . . . *rire* . . . ris, risée, risette, risible, risibilité, ri-
siblement.
Senatus . . . *sénat*. . . sénateur, sénatorial, sénatus-consulte.
Sensus. . . . *sentiment*, sensible, sensiblement, sensibilité, sen-
sens . . . sibilisateur, sensibilisable, sensibi-
liser, sensé, sensément, sensiblerie,
sensuel, sensuellement, sensualité,
sensualiste, sensualisme , sensitive
(la), sensation , insensé, insensible,
insensibilité, insensiblement.
Sinus. . . . *sein, repli,* sinueux, sinuosité, insinuer, insinua-
cavité . . tion, insinuant (esprit), *insinuatif*, sinus,
cosinus.
Spiritus. . . *souffle,* . spirite, spiritisme, spirituel, spirituel-
esprit. . lement , spiritualité , spiritualiser,
spiritualisme, spiritualiste. (Voir le
verbe SPIRARE, respirer).
Usus. . . . . *usage* . . usine, usinier, usuel, usuellement.
Versus. . . . *vers*. . . verset, versifier, versification, versifica-
teur.
Victus. . . . *nourriture* victuailles.
Visus . . . . *vue* . . . viser, visa, visuel (rayon), visée, visage,
visible, visibilité, visiblement, vision,
visionnaire, visière, invisible, invisi-
bilité, invisiblement, envisager, dé-
visager.

Substantifs neutres.

Cornu . . . . *corne* . . cornet, cornier, cornu, cornue (une), décorner, écorner.
Gelu . . . . . *glace* . . . geler, gelée, gélif, dégel, dégeler, congeler, congélation.
Genu . . . . . *genou* . . agenouillement, agenouilloir, génuflexion (avec le verbe FLECTERE, supin FLEXUM, fléchir), s'agenouiller.

(Ces mots ont la même terminaison à tous les cas du singulier.)

CINQUIÈME DÉCLINAISON

Génitif **ei**.

Substantifs masculins et féminins.

Acies . . . . . *pointe* . . acier, aciérer, aciération.
Dies . . . . . *jour* . . . diurne, midi, lundi, mardi, mercredi, jeudi, vendredi, samedi, dimanche, journal quotidien (avec quot, combien).
Effigies . . . *image* . . effigie.
Facies . . . . *visage* . . face, facette, façade, facial (os), faciaux (nerfs), surface.
Fides . . . . . *bonne foi*. (Voir l'adjectif FIDELIS, fidèle).
Glacies . . . *glace* . . glacier, glacière, glacial, glacer, glacis, glaciaire (terrain), glaçon, *glaciation*.
Progenies . . *race* . . . progéniture, primogéniture (avec l'adjectif PRIMUS, premier).
Res . . . . *chose* . . réalité, réalisme, réaliste, réaliser, réel, réellement, rébus, république, républicain (avec l'adjectif PUBLICUS, public).
Spes . . . . . *espérance*. espoir, espérer, espérance, désespérer, désespoir.

MOTS DÉRIVÉS DES PRONOMS

Ego . . . . . . *je, moi* . . égoïsme, égoïste.
Tu . . . . *tu, toi* . . tutoyer, tutoiement.
Se (*génitif*) **sui** . *se, soi* . . . suicide, suicider (se).

NOTA. — La cinquième déclinaison n'a pas de noms neutres.

MOTS DÉRIVÉS DES ADJECTIFS

PREMIÈRE ET DEUXIÈME DÉCLINAISONS

1er Modèle. — Génitif, **i, æ, i.**

(Masculin, féminin, neutre.)

Acerbus, a um. *dur, sévère, âpre.* — acerbe (fruit, caractère), acerbité.

Adversus . . *contraire, malheu- reux.* — adverse (fortune), adversaire, adversité, adversatif.

Æquus . . . . *juste, égal, favorable.* — équité, équitable, équitablement, équateur, équatoriale, équinoxe, équinoxiale (ligne), équation, équiangle, équilatère, équilatéral, (avec le mot LATUS, LATERIS, côté), équidistant, équilibre, équilibriste, équilibrer, équivaloir, équivalent, *équidifférent*, *équidifférence*, équipollent, équipollence, inique, iniquité (avec IN privatif, sans).

Albus . . . . *blanc, blanche.* — aube, aubade, albinos, Albion, albumine, album.

Alienus . . . *étranger, étrangère.* — aliéner, aliénable, aliénation, aliénabilité, aliénatoire, aliénateur, inaliénable, inaliénabilité.

Altus . . . . *haut, élevé.* — altier (caractère), altièrement, altitude, altesse, exalter, exaltation.

Amplus . . *grand, étendu,* — ample, ampleur, amplement, amplitude, ampliation, amplifier, ampliatif.

Antiquus . . *ancien, ancienne.* — antique, antiquement, antiquité, antiquaire, antiquailles.

Avidus . . . *avide* . . avidité, avidement.

Barbarus . *étranger, grossier.* — barbare, barbarie, barbarisme.

Beatus, a, um. *heureux, reuse* . . — béat, béatitude, béatification, béatifier, béatifique.

Bonus . . . . *bon, bonne, avantageux,* — bonasse, boni, *boniment*, bonbon, bonjour, bonsoir, bonbonnière, bonnement, bonification, bonhomme, bonbonhomie, bonifier, débonnaire, débonnairement.

Cæcus,a, um. *aveugle,* cécité.

Candidus . . *blanc, blanche* . candide, candidement, candidat, candidature.

Captivus, . . *prisonnier* captif, captivité, captation, capture, capturer, captiver.

Certus,a um. *assuré, certain* . . certes, certainement, certitude, certificat, certificateur, certification, certifier, *certificatif.*

Clarus . . . . *célèbre. brillant. clair* . . . clarté, clarifier, clarification, clairement, clairvoyant, clairvoyance, éclair, éclairer, éclairage, éclaireur.

Commodus . *avantageux, commode.* . . commodité, commodément, accommodant, accommoder, (Voir l'adjectif INCOMMODUS).

Congruus . . *convenable.* congru, congruité, congrument, incongru, incongruité, incongrûment.

Contentus. . *satisfait. content.* . contenter, contentement, mécontent, mécontentement, mécontenter.

Continuus. . *continuel. le.* . . . continu, continuer, continuité, continuation, continuateur, continuel, continuellement, discontinu, discontinuer, discontinuation, *discontinuité.*

Contrarius. . *opposé. contraire.* contrarier, contrariété, contrariant, contrairement, contraste, contraster.

Credulus. . . *crédule.* . . crédulité, *crédulement,* incrédule, incrédulité, *incrédulement.*

Cupidus. . . . *avide, désireux.* cupide, cupidité, cupidement.

Decimus, a. um. *dixième* . décime, décimal, décilitre, décistère, décimètre, déciare, décigramme, décimer, décimation, dîme (la), duodécimal.

Densus. . . . *épais. serré.* dense, densité, condenser, condensation, condensateur.

Dignus. . . . *digne* . . digne, dignement (Voir l'adjectif INDIGNUS).

Disertus. . . . *éloquent.* disert, disertement.

Diversus. . . . *différent. contraire.* divers, diversion, diversité, diversement, diversifier, *diversification,* diversifiable.

Divinus . . . *divin,* . divin, divinité, divinement, diviniser, devin, deviner.

Doctus. . . . . *savant, e. instruit.* docte, doctement, docteur, doctorat, (ton.)doctoral, *doctoralement.*

Duo . . . . . . *deux.* . . duel, duelliste.

Durus. . . . . *dur, e. pénible.* . duret, dureté, durement, durillon, endurer, durcir, durcissement, endurcir, endurcissement.

Exiguus, a, um. *petit, min-ce, chétif.* exigu, exiguïté.

Externus. . *extérieur.* externe, externat.

Extremus . . *dernier, dernière.* extrême, extrémité, extrêmement, extrême-onction, in-extremis.

Falsus, a, um. *faux, fausse.* falsifiable, falsificateur, falsifier, falsification.

Ferus. . . *sauvage.* (Voir l'adjectif FEROX).

Frigidus. . *froid.* . (Voir le substantif FRIGUS).

Firmus . . *constant, solide* . ferme, fermeté, fermement, infirme, infirmité.

Gnarus . . *ignorant.* (Voir le verbe IGNORARE).

Gratiosus. . *considéré, favorisé* . gracieux, gracieuser, gracieuseté, gracieusement.

Gratus, a, um. *agréable, reconnais-sant.* . gratitude, gratuit, gratuité, gratis, gratification, gratifier, ingrat, ingratitude.

Hibernus. . *d'hiver.* hivernage, hiverner.

Honestus, a, um . . . *honnête, honorable.* honnêteté, honnêtement, déshonnête (action), déshonnêteté, malhonnête, malhonnêteté, malhonnêtement.

Humanus . *humain, poli, c.* . humanité, humanisation, humanitaire (mesure), humaniser, inhumain, inhumanité, inhumainement, surhumain.

Ignarus . . *qui ne sait pas.* ignorant, ignorance.

Immensus, a, um . . . . *démesuré, immense.* immensité, immensément.

Immoderatus *excessif, sive.* . immodéré, immodérément, *immodéra-tion.*

Imperitus. . *inhabile.* impéritie.

Improbus. . *méchant, malhonnête* . . improbité, *improbe.*

Improvisus. *imprévu, inattendu.* improviser, improvisateur, improvisation, l'improviste (venir à), *improvisade.*

Impurus . . . *impur, c.* impureté, *impurement.*

Incertus . . . *incertain.* incertitude, incertainement.

Incommodus. *incommode* incommodité, incommoder, incommodément, incommodant.

Indignus . . *indigne* . indignement, indignité.

Infirmus . . . *infirme* . infirmité, infirmier, infirmerie.

Ingeniosus . . *ingénieux.* (Voir le substantif INGENIUM, intelligence).

Inimicus . . . *ennemi,* inimitié.

Iniquus . . . *injuste,* . inique, iniquité, iniquement.

Injustus . . . *injuste.* . injustement.

Inopinatus . *imprévu,* . inopiné, inopinément.
    subit, e .

Intestinus . . *intérieur,* intestine (guerre), intestins (les), intesti-
    nal (conduit).

Intimus . . . *étroit* . intime, intimité.

Iratus . . . . *irrité, en* irritable, irritation, irritant, irritabilité,
    colère. . (Voir le mot IRA, colère).

Justus . . . *vrai,exact.* juste, justesse, justement.

Lassus . . . *fatigué* . las, lasser, lassitude, délasser, délasse-
    ment.

Latus . . . . *étendu,* . latitude, dilater, dilatation, dilatoire
    large. . (moyen).

Liquidus . . *clair, pur.* liquide, liquider, liquidateur, liquida-
    tion.

Longus . . . *long, lon-* longévité, longueur, longuement, lon-
    gue . . gitude, longitudinal, longtemps, al-
    longe, longer (une côte), allonger, al-
    longement, rallonge, rallonger, ral-
    longement.

Magnificus . *pompeux,* magnificence, magnifique, magnifique-
    fastueux. ment.

Magnus, a. *grand,con-* magnanime, magnanimité, magnani-
um . . . . . *sidérable.* mement, Charlemagne (avec le mot CA-
    ROLUS, Charles).

Malevolus . . *malveil-* malveillant, malveillance, malévole.
    lant, e . .

Malus . . . . *méchant,* malade, maladie, maladif, (état, teint)
    mauvais. maladivement, maladresse, maladroit,
    maladroitement, malaise, malaisé,
    malaisément, malavisé, malédiction,
    maléfice, malencontreux, malencon-
    treusement, malentendu, malfaire
    (avec le verbe FACERE), malfaisant, mal-
    faisance, malfaiteur, malfamé, mal-
    gré, malheur, malheureusement, mal-
    honnête, malhonnêteté, malhonnête-
    ment, malice, malicieux, malicieuse-
    ment, malin, malignité, malignement,
    malingre, malintentionné, malme-
    ner, malotru, malpropre, malpropre-
    ment, malpropreté, malsain, mal-
    sonnant (mot), maltraiter, malveillant,
    malveillance, malvenu.

Manifestus . . *évident.* . manifestation, manifester, manifeste,
    certain. . manifestement.

Maturus . . *mûr, op* -maturité, maturation, prématuré, pré-
    portun . . maturité, prématurément.

Maximus. . . *très - grand, e* . maximum, Maxime, Maximien, Maximin (empereur).

Medius.. . . *qui est au milieu.* medium, medius (doigt du milieu), médiocre, médiocrité, médiateur, médiation, Méditerranée (la mer), médiale (lettre), médiane (ligne), médiales (veines), médiante (terme de musique), intermédiaire (avec le mot INTER, entre).

Minimus. . .*très-petit,* minime, minimum

Moderatus. .*modéré* . modération, modérateur.

Modestus. . *modeste* . modestie, modestement, immodeste, immodestie, immodestement (avec IN privatif).

Modicus. . . *médiocre.* modicité, modique, modiquement.

Molestus. . *fâcheux.* molester, *molestation.*

Multus, a, um.*nom - breux, nombreuse* multitude, multiple, multiplicande, multiplicateur, multiplication, multiplier, multicolore (avec le substantif COLOR, couleur).

Mundus . . .*pur, pro-pre . . .* immonde, immondices (avec IN privatif), émonder, émondage.

Musicus. . .*qui a rap-port à la musique .* musique, musicien, musicienne, musical, musicalement.

Mutus . . . .*muet, te .* mutisme.

Mutuus . . .*mutuel, le.* mutualité, mutuellement.

Nocuus, a, um.*nuisible* . innocuité.

Novus . . . .*nouveau, velle. . .* novateur, novation, nouvelle (une), nouvelliste, nouveauté, novice, noviciat, nouvellement, innover, innovation, innovateur, renouveler, renouvelable, renouvellement.

Nullus, *gén.* . .*aucun,* **nullius** . .*nul, le.* . nullité, nullement, annuler, annulation.

Obesus, a, um.*gras, . . . grasse . .* obèse, obésité.

Obliquus . .*oblique.* . obliquité, obliquer, obliquement.

Obscurus . .*sombre, obscur.* . obscurité, obscurément, obscurcir, obscurcissement, *obscurant, obscurantisme.*

Optimus. . .*très-bon, parfait. .* optimisme, optimiste, optimé.

Parcus, a, um.*économe, sobre . .* parcimonie, parcimonieux, parcimonieusement.

Paternus. . .*paternel.* paternité, paternellement, paterne (air).

Peregrinus. .*étranger, errant . .* pérégrination, pérégriner, pérégrinité, *pérégrinateur.*

Perfidus. . . *perfide.* . perfidie, perfidement.

Peritus. . . . *habile.* . (Voir au mot IMPERITUS).

Perpetuus . . *continuel,* perpétuité, perpétuation, perpétuer, perle. . . . pétuel, perpétuellement.

Perspicuus . *clair, évi-* perspicace, perspicacité, perspicuité.
dent. . .

Pessimus . . *très-mau-* pessimisme, pessimiste.
vais, . .

Placidus. . . *tranquille,* placide, placidité, placidement.
doux. . .

Planus. . . . *plat, uni,* plan, plane (surface), planer, planimé-
e . . . . trie (avec le mot grec μετρον, METRON,
mesure), planisphère, (avec le mot grec
σφαιρα, sphaïra), aplanir, aplanissement).

Plenus . . . . *plein* . . plénitude, plénière (cour), plénipoten-
tentiaire (avec le mot POTENTIA, puissance).

Posterus . . . *suivant,* . postérieur, postérité, postériorité, pos-
futur. . . térieurement.

Pravus. . . . *difforme,* . dépravé (être), dépravation, dépraver,
vicieux, . dépravateur.

Primus. . . . *premier,* . primo, prime, primer, primeur, pri-
première.. mauté, primaire, primat, primatie,
primevère (avec le substantif VER, printemps).
primitif, primitivement, primogéniture, de prime abord, *prima-donna,*
primordial, primordialement, printemps (avec le mot TEMPUS, temps).

Privus, a, um. *particu-* privilège, privilégier, privauté.
lier . . .

Probus. . . . *honnête* . probé, probité, (Voir le mot IMPROBUS).

Prodigus. . . *prodigue.* prodiguer, prodigalité, *prodiguement.*

Prosperus . . *heureux.* prospère, prospérité, prospérer.

Providus. . . *prévo-* providence, providentiel, providentiel-
yant, te . lement.

Proximus . . *le plus voi-* proximité, approximation, approxima-
sin . . . tif, approximativement.

Publicus. . . *public, pu-* publicité, publication, publiciste, pu-
blique . . blier, publiquement.

Purus . . . . *innocent,* pur, pureté, purement, purisme, pu-
net . . . riste, puritain, purificatoire, purifier,
purification, apurer, apurement, épu-
rer, épuration.

um . ment, (Voir au mot QUATUOR quatre).

Quartus, a, *quatrième* quarto, quart, quartier, quatrième-

Quietus . . . *calme,* quiétude, inquiet, inquiétude, inquié-
tranquille. ter, inquiétant, *inquiétement.*

Quintus . . . *cinquième* quinte (terme de musique), quintescence, quintetto (mot italien), quintane (fièvre), quinto, Charles Quint (empereur), Sixte-Quint (pape), (Voir le mot QUINQUE, cinq).

Rapidus . . . *impétueux* rapide, rapidité, rapidement.

Rarus, a, um. *disséminé,* rareté, rarement, raréfier, raréfactif, *rare.* . . raréfiant, raréfaction, *raréfiable.*

Rectus . . . . *droit, di-* recto, rectitude, rectiligne (figure), rec- *rect.* . . tangle, rectangulaire, rectifier, recti- fiable, rectificatif, rectification.

Rigidus . . . *raide.* rigide, rigidité, rigidement.

Rusticus. . . *campa-* rustre, rusticité, rustaud, rustique, rus- *gnard* . . tiquement.

Sævus, a, um. *cruel, le* . sévir, sévices.

Sanctus . . . *saint, sa-* sanctuaire, sanctifier, sanctification. *cré* . . .

Secundus. . *second,* seconder, secondement, secondaire, se- *favorable.* condairement.

Septimus . . *septième.* septimo (Voir au mot SEPTEM, sept).

Severus . . . *sévère.* . sévérité, sévèrement, Septime-Sévère (l'empereur).

Sincerus. . . *pur, vrai,* . sincère, sincérité, sincèrement.

Sinuosus. . . *courbé,* sinueux, sinuosité, insinuant, insinuer, *tortueux.* insinuation.

Sobrius . . . *tempérant* sobre, sobriété, sobrement.

Socius . . . . *allié, e,* social, socialisme, socialiste, sociable, *compa-* sociabilité, sociablement, société, so- *gnon* . . ciétaire, sociétariat, associé (un), asso- ciable, association, associer.

Solidus . . . *dur, e,* solide, solidité, solidement, solidifier, *ferme* . . solidification, solidaire, solidarité, *solidariser,* solidairement, consolider, consolidation.

Solus. . . . . *seul, e.* . soliste, soliloque (avec le verbe LOQUI, parler), solipède (avec le mot PES, gén. PEDIS, pied), solitaire, solitairement, solitude.

Splendidus . *brillant* . splendide, splendidement.

Studiosus . . *appliqué* . studieux, studieusement.

Subitus . . . *soudain* . subit, subitement,

Subjectus . . *soumis,* sujet, sujétion, assujettir, assujettisse- *mis sous* . ment, assujettissant.

Summus. . . *le plus* sommet, sommité. *haut.* . .

Superbus . . *orgueil-* superbe, superbement. *leux.* . .

Supremus . . *très-haut* . suprême, suprématie, suprêmement. *très-élevé.*

— 40 —

Tacitus, ou *silencieux* tacite, tacitement, taciturne, tacitur-
Taciturnus *calme.* . nité, taciturnement.

Tardus. . . . *pares-* tardif, tardivement, tarder, tardivité,
seux, se, *tardigrade,* retard, retarder, retarde-
lent . . ment, retardataire, s'attarder.

Temerarius . *impru-* téméraire, témérairement.
dent, e . .

Tertius. . . . *troisième.* tertio, tertiaire (couche),

Timidus . . . *craintif,* timidité, timidement, intimider, *intimi-*
ve, timide. *dable, intimidation.*

Tranquillus. *calme,pai-* tranquille, tranquillement, tranquilli-
sible . ser, tranquillité.

Tutus. a, um. *sûr,certain* tutelle, tutélaire (toit), tuteur, tutrice.

Ultimus, a, *dernier,* ultimatum.
um. . . . . *très-éloigné.*

Unicus. . . . *unique* . uniquement.

Universus. . *tout entier* univers, université, universitaire, uni-
général . versalité, *universaliser, universel,* uni-
versellement.

Unus, *génitif un, une* . unième, unité, unitaire, uniment, una-
unius. . . . nime, unanimité, unanimement, uni-
fier, unification, uniflore (avec le mot
FLOS, gén. FLORIS, fleur), uniforme (avec
le mot FORMA, forme), uniformité, uni-
formiser, unilatéral (avec le mot LATUS,
gén. LATERIS, côté). unisson (avec le mot
SONUS, son). unir, unipersonnel, *uni-*
personnellement, unitaire, univalve.

Vagus, a, um. *errant, e.* vagabond, vagabonder, vagabondage,
évagation, divaguer, divagation.

Validus. . . *fort, e, vi-* valide, valider, validation, validité, va-
goureux, lidement, invalide, invalidation, in-
reuse . . valider, invalidité, invalidement.

Vacuus . . . *vide.* . . vacuité.

Vanus. . . . *vain, vide.* vanité, vaniteux, vaine, vainement.

Varius . . . *différent,* variole, variation, varier, invariable, in-
divers . . variabilité, invariablement.

Vastus. . . . *spacieux,* vaste, *vastement,* dévaster, dévastation,
cieuse, dé- dévastateur.
sert, e . .

Verus . . . . *vrai* . . . véridicité, véridique, véridiquement.

Viduus. . . . *vide* . . . veuf, veuve, veuvage, viduité.

Vivus. . . . . *vivant, e,* vivace, vivacité, viveur, vivement, vivo-
vif, vive . ter, vivier, vivipare (avec le verbe PARE-
RE, produire). vivifier, vivification, vi-
vifiant (principe). vivisection (avec le substantif SECTIO, coupure).

Voluntarius. *volontaire* volontairement, volontiers, *volontariat,* involontaire , involontairement (avec IN négatif).

2ᵉ Modèle. — Génitif, **i, æ, i.**

Alter, a, um, *autre, se-* alterner, alternat, alternatif, alternati-
*gén.***alterius.***cond.* . . vement, alternative, altérer, altération, altérable, inaltérable.
Asper, a, um . *difficile,* aspérité, âpreté, âprement.
âpre . .
Ater, atra, a-*noir, e* . .atrabile, atrabilaire (humeur noire), (avec le
trum. . . . mot BILIS, bile), âtre (de cheminée).
Dexter, tra, *droit, e* . dextérité, dextre, dextrement, ambi-
dextrum. . dextre (avec le mot AMBO, deux).
Integer, gra, *entier,* intègre, intégrité, intégrement, intégral
integrum . *honnête* . (calcul), intégralité, intégralement, ré-
intégrer, réintégrande (terme de jurispru-
dence), réintégration.
Liber, era, li-*libre* . . liberté, librement, libérer, libération,
berum . . . libérateur, libératrice, libéralité, libéral, libéralement, libéralisme, libé-
rable, libérablement, libertin, liber-
tinage, délibéré (propos).
Miser, a, um.*malheu -* misère, misérable, misérablement.
reux,se.
Neuter, tra, *ni l'un ni* neutre, neutralité, neutraliser, neutra-
neutrum. . *l'autre.* . lisation, neutralement.
Niger, gra, ni-*noir, e* . nègre, négresse, négrillon, négrier, né-
grum. . . . grerie, la Nigritie, négrophile (avec le
mot grec φίλος, PHILOS, ami), dénigrer,
dénigrement.
Prosper, era,*heureux ,* prospère, prospérité, prospérer.
prosperum.*reuse* . .
Ruber, bra, *rouge.* . rubis, rubrique, rubicond, rubicond,
brum . . rubiconde (face).
Sacer, sacra,*sacré,con-* sacerdoce, sacerdotal, sacrer, sacrilège.
sacrum . . *sacré.* . . (Voir le verbe SACRARE, consacrer).
Tener, tenera,*tendre ,* tendron, tendresse.
tenerum . . *jeune* . .

TROISIÈME DÉCLINAISON

1er Modèle. — Génitif is.

Absens, entis. *absent, e.* absence, s'absenter.
Atrox, ocis . *cruel, bar-* atroce, atrocité, atrocement.
    bare . .
Audax, acis. *hardi, e .* audace, audacieux, audacieusement.
Concors, cor-*uni . . .* concorde, concorder.
  dis . . . . .
Constans, an-*ferme, as-*constant, constamment, inconstant, in-
  tis . . . . . *suré . . .*   constamment.
Diligens, en-*soigneux,* diligent, diligence (faire), diligemment,
  tis . . . . . *xélé, actif,* se diligenter.
Duplex, licis. *double .* duplicité, duplicata, duplication.
    perfide . .
Fallax, lacis. *trompeur,* fallace, fallacieux (prétexte), fallacieuse-
    peuse . .   ment.
Felix, licis. . *heureux,* félicité, féliciter, félicitation, Félix, Fé-
    reuse . .   licie, Félicien.
Ferox, rocis , *fier, cruel,* féroce, férocité, férocement.
    le . . . .
Frequens, en-*assidu, or-* fréquent, fréquenter, fréquentation.
  tis . . . . . *dinaire .*
Immemor . . *oublieux,* immémorial (temps).
    ignorant.
Impar, paris. *inégal . .* impair (nombre), *impairement.*
Index, dicis . *marque, si-*index (doigt), indice, indicateur, indica-
    gne . . .   tion.
Iners, ertis. . *paresseux,* inerte (nature), inertie.
Juvenis . . . *jeune -* .juvénile (ardeur).
Loquax, acis. *bavard ,* loquace, loquacité,
Major . . . . . *plus grand* major, majorat, majorité, majordome
    (avec le mot DOMUS, maison), Majorque (île de).
Melior . . . . . *meilleur.* améliorer, amélioration.
Minor . . . . . *plus petit,* mineur, minorité, Minorque (île de).
    moindre .
Misericors, *compatis-* miséricorde, miséricordieux, miséricor-
  cordis . . . *sant . .*   dieusement.
Multiplex, pli-*nombreux* multiple, multiplicité.
  cis . . . . .
Par, is. . . . . *égal, sem-* pair (nombre), parité, paire (une), pareil,
    blable . .   pareillement, parisyllabe et parisyl-
       labique, appareiller, appareillage,
       . **appareillement.**

Patiens,entis.*patient,* patience, patient, patienter, patiem-
qui souffre ment, impatient, impatienter, impa-
tiemment.

Pauper, is . . *pauvre.* . paupérisme.

Perspicax, *clairvo -* perspicace, perspicacité.
cacis . . . . *yant* . . .

Potens, entis.*puissant* . potentat, potentiel.

Præsens,sen-*présent.* . présence, présentation , présentable,
tis . . . . . présenter, présentement.

Prudens,den-*sage, pru-*prudence, prudemment, imprudence,
tis . . . . . *dent* . . . imprudemment.

Rapax,pacis.*avide, vo-* rapace, rapacité.
leur . . .

Recens,entis.*nouveau,* récent, récemment.

Simplex,licis.*simple* . simplicité, simplesse, simplifier, sim-
sincère. . plification, simplement.

Tres, tria, *trois* . . . trio, trisaïeul, trimestre, triennal, tré-
gén. **trium** . pied, *triade,* trident, triangle, trian-
gulaire, triangulation, triangulaire-
ment, tricolore (avec le substantif COLOR,
couleur), tricorne (avec le substantif CORNU,
corne), triple, tripler, trèfle, triumvir,
triumvirat (avec le substantif VIR, homme).

Vehemens , *violent, e,* véhément, véhémence, véhémentement.
mentis . . . *impétueux*

Velox,locis. . *prompt,* véloce, vélocité, *vélocipède, vélocipédiste*
agile . . . (avec le substantif PES, gén. PEDIS, pied),
vélocifère (avec le verbe FERRE, porter).

Vetus, teris.*ancien,ne.*vétusté, vétéran, vétérance, invétéré.

Vorax, acis . *glouton.* . vorace, voracité, *voracement.*

2e Modèle. — Génitif **is.**

Æqualis, le . *égal,sem-* égalitaire, égaler, égalité, également,
blable . . égaliser, égalisation.

Affinis, e. . . *voisin* . . affinité.

Brevis, e. . . *court,bref.*brièveté, brièvement, bréviaire, abré-
viation, abréviatif, abréviativement,
abréger.

Circularis,e . *circulaire.*circulaire (une), circulaire (voyage), circulation, circulatoire, circuler, circulai-
rement (Voir le mot CIRCUS, tour).

Communis, e.*qui appar-*communauté, (la) commune, commu-
tient à nale (école), communal (chemin), com-
tous . . . mun, communément.

Credibilis, e.*croyable,* crédibilité, incrédibilité,

Debilis, e . . *faible, dé-* débilité, débilitant (remède), débilitation,
bile . . . débiliter, débilement.

Difficilis, e. . *difficile* . difficulté, difficultueux, difficilement.

Dissimilis, e.*différent,* dissimilaire, dissimilarité, *dissimilitude,*
dissemblable, dissemblance.

Docilis, e . . *docile* . . docilité, docilement, indocile, indoci-
lité.

Dulcis, e . . . *doux, agré-*dulcifier, dulcification, Dulcinée (nom).
able . . .

Facilis, e . . *facile* . . facilité, facilement, faciliter.

Familiaris, e.*parent* . . familiarité, familiariser, familier, fami-
ami . . . lièrement.

Fidelis. . .**e**.*fidèle* . . fidèle, fidélité, fidèlement, fidéicommis,
infidèle, infidèlement.

Fortis, e. . . *courageux*fortement, fortifier, fortifiable, fortifi-
se, fort, e. cation, forteresse, fortifiant (aliment),
fortissimo (mot italien).

Generalis, . *universel* .(Voir le substantif GENUS, race).

Grandis, e . . *considéra-*grandir, grandiose, grandeur, gran-
ble, élevé. desse, grandement, agrandir, agran-
dissement, ragrandir.

Gravis, e . . . *pesant,* .gravité, gravitation, graviter, grave-
grave . . ment, aggraver, aggravation, aggra-
vant, grief, grièvement, grièveté.

Habilis, e . . *habile.* . habileté, habilement, inhabileté, inhabile, inhabilement.

Hilaris, e . . *gai.* . . . hilarité, hilarant.

Horribilis, e.*effrayant.* horrible, horriblement.

Hostilis, e . . *hostile.* . (Voir le substantif HOSTIS, ennemi).

Humilis, e . . *humble,* humilité, humilier, humiliation, hum-
obscur, e. . blement.

Illustris, e. . *illustre,* illustrer, illustration, illustrissime
éclairé. (superlatif).

Immortalis, e *immortel,* immortalité, immortaliser, immortalisa-
elle. . . tion, immortellement, l'immortelle (fleur).

Immunis, e . *exempt.* immunité.

Inanis, e . . .*vain, e* . inanité, d'inanition (tomber).

Infidelis e . . *infidèle.* . infidélité, infidèlement.

Incredibilis, e.*incroyable*incrédibilité.

Insignis, e . . *remarqua-*insigne (honneur), des insignes (marques de
ble, dis- dignité).
tingué. .

Insociabilis, e.*insociable.*insociabilité, *insociablement.*

Inutilis, e . . *inutile.* . inutilité, inutilisable, inutilement.

Lenis, lene. *doux,* . . .lénifier, lénitif (remède), lénitive (boisson).
douce. .

Levis, leve . *léger.* . . levier.
Liberalis, e . *libéral, e.* libérer, libéralité, libéralement, libérateur, libéralisme.
Mediocris, e. *médiocre* . médiocrité, médiocrement.
Mitis, mite. . *paisible,* mitiger, mitigation, *mitigatif.*
    doux, ce.
Mobilis, e . . *mobile.* . mobilité, mobiliser, mobilier, mobilisation, immobile, immobiliser, immobilité.
Mollis, e . . . *mou,* . . mollesse, molleton, mollet (pain), émol-
    molle. . lient, mollir, mollement, mollusque, mollasse, amollir, amollissement, ramollir, ramollissement, ramollissant.
Mortalis, e. . *mortel, le.* mortalité, mortellement.
Nobilis, e . . *noble, cé-* noblesse, noblement, nobiliaire (titre),
    lèbre . . ennoblir, *ennoblissement,* ignoble, ignoblement.
Omnis, e. . . *tout, toute* omnivore (avec le verbe VORARE, dévorer), omniscient, omniscience, omnipotent, omnipotence, omnibus, omnifère (avec le verbe FERRE, porter), omnicolore (avec le substantif COLOR, couleur).
Popularis, e . *populaire.* popularité, populariser, populairement, *popularisation.*
Qualis, e. . . *quel, le* . quelconque (avec le mot CUNQUE).
Regalis, e . . *royal* . . régal, régaler.
Subtilis. . . . *fin, mince* . subtil, subtilité, subtilement, subtiliser, subtilisation (termes de chimie).
Rudis, e . . . *ignorant,* rudiment, rudimentaire (principe).
Similis, e . . *semblable,* similaire, similitude, similarité, similor,
    pareil, le. *similiflore.*
Singularis, e. *particu-* singulier, singulièrement, singularité,
    lier, rare . se singulariser.
Sociabilis, e. *sociable.* . sociabilité, sociablement, *sociabiliser.*
Socialis, e . . *social, e* . socialisme, socialiste, socialement.
Sublimis, e . *élevé,* . . sublime, sublimement, sublimité, subli-
    grand . . miser.
Talis, tale . . *tel, telle* . tellement.
Turpis, turpe. *honteux.* turpitude.
Utilis, e . . . *utile* . . utilité, utilisable, utiliser, utilement, *utilisation.*
Variabilis, e. *variable.* . variabilité, variablement.
Venalis, e . . *vénal, e.* vénalité, vénalement.
Virilis, e . . . *mâle,* . . viril, virilité, virilement.
    courageux

3e Modèle. — Génitif **is**.

Acer, acris, *vif, vive* . âcreté, acrimonie, acrimonieux.
acre . . . . *âcre*. . .
Alacer, ala- *agile, gai,* alègre, alègrement.
cris, alacre *e*. . . .
Celebre, bris, *célèbre*. . célébrité, célébration, célébrer.
celebre. . .
Celer, is, ce- *prompt,*. célérité, *célérifère, célérimètre, céléri-*
lere . . . . *grade, céléripède,* accélérer, accéléra-
tion, accélérateur, accélératrice (force).
Saluber, bris, *salutaire*. salubre, salubrité, *salubrement,* insalu-
bre. . . . . bre, insalubrité.

MOTS INDÉCLINABLES

Bis. . . . . . *deux fois*. bisaïeul, bisser (un morceau), biner, bi-
naire, biscuit, bifurquer, bifurcation,
bipède (avec le mot PES, gén. PEDIS, pied).
Quatuor . . . *quatre*. . quatuor, quadrige, quadrille, quadrila-
tère (avec le mot LATUS, gén. LATERIS, côté),
quadruple, quadragénaire, in-quarto,
quadrinôme (avec le mot grec νομη, nome,
part). (terme d'algèbre), quarte (fièvre), qua-
train, quaternaire (nombre), quadrangu-
laire (avec le mot ANGULUS, angle), qua-
triennal (avec le mot ANNUS, année).
Quinque . . . *cinq*. . quinquennal, quinconce. (Voir le mot QUIN-
TUS, cinquième).
Sex . . . . . *six* . . . sexagénaire, *sexagésimal,* sextant, *sex-
tuor,* sextuple, sixain, semestre (avec
le mot MENSIS, mois), semestrier, *semes-
triel.*
Septem . . . *sept*. . . septuor, septuple, septennal, septem-
bre, septennat, septénaire.
Octo . . . . . *huit*. . . octobre, octante, octave, in-octavo, oc-
togénaire, octogone (avec le mot grec
γωνια, GÔNIA, angle.)
Novem. . . *neuf*. . . novembre, *novénaire.*
Decem . . . . *dix* . . . décembre, dîme, décime, décimer, dé-
cemvir, décemvirat (avec le substantif
VIR, homme).
Centum . . . *cent*. . . centenaire, centaine, centime, centési-
mal.
Mille. . . . . *mille* . . millésime, millénaire (nombre).

MOTS DÉRIVÉS DES VERBES

PREMIÈRE CONJUGAISON

Verbes actifs.

Supin terminé en **atum**.

Abdicare, . . *renoncer* . abdiquer, abdication.
  atum. . . .
Abrogare . . *annuler* . abroger, abrogation.
Accusare . . *accuser* . . accusable, accusé (un), accusateur, accusation, accusatif.
Adjudicare . *adjuger.* . adjudication, adjudicataire, adjudicateur, adjudicatif.
Administrare *gouverner,* administration, administrateur, administratif, administrativement.
  adminis-
  trer. . . .
Adoptare . . *adopter.* . adoption, adoptif (père), adoptive (mère).
Adorare . . . *adorer* . . adorable, adorateur, adoration.
Ædificare . . *bâtir,* . . édifier, édification, édificateur, rééditer, réédification.
  élever . .
Æquare . . . *égaler.* . (Voir l'adjectif ÆQUUS, égal).
Æstimare . . *juger,* . . estime, estimable, estimation, estimateur, estimatif, inestimable (avec IN privatif), mésestimer.
  estimer .
Affectare . . *marquer* . affecter, affectation, affectif.
Affirmare . . *assurer* . affirmer, affirmation, affirmatif, affirmativement.
Amare. . . . *aimer* . . amateur.
Amputare. . *couper.* . amputer, amputation.
Animare. . . *animer* . . (Voir le substantif ANIMA, âme).
Arare . . . . *labourer* . aratoire (instrument), arable, araire (charrue).
Armare . . . *armer* . . armateur, armature, armement, armure, armurier, désarmer, désarmement.
Captare . . . *prendre* . capter, captation, captateur, captatoire, capture, capturer.
Celare, atum . *cacher* . . céler, déceler, décèlement, recel, recéler, recéleur.
Collocare . . *placer.* . colloquer, collocation.
Commendare *recom-* recommandable, recommandation (Voir le verbe MANDARE, ordonner.)
  mander .

Commutare . *échanger* . commuer, commuable, commutation, (Voir les verbes MUTARE, changer et PERMUTARE, échanger).

Comparare . *préparer,* comparable, comparaison, compara-*comparer* . teur, comparatif, comparativement, incomparable, incomparablement.

Compilare . . *dépouiller* compiler, compilation, compilateur.

Conciliare . . *concilier* . (Voir le substantif CONCILIUM, assemblée).

Condemnare. *condam-* condamnable, condamnation (Voir le verbe *ner* . . . DAMNARE).

Confirmare . *affirmer* . confirmer, confirmation, confirmatif (arrêt).

Congregare . *rassem-* congrégation, congréganisme, congré-*bler* . . . ganiste.

Consecrare . *consacrer.* consécrateur, consécration.

Considerare . *remar -* considérer, considération, considérant *quer, réflé-* (un), considérément, considérable, con-*chir* . . . sidérablement, inconsidéré, inconsidérément (avec IN privatif).

Consternare . *troubler* . consterner, consternation.

Continuare . *continuer.* (Voir l'adjectif CONTINUUS, continuel).

Coronare . . *couronner* (Voir le substantif CORONA, couronne).

Creare. . . . *produire* . créer, création, créateur, créature, incréé, récréer, récréation, récréatif.

Cremare. . . *brûler*. . . crémaillon, crémaillère, crémation.

Cumulare . . *combler,* cumul, cumuler, cumulard, cumulatif, *entasser* . cumulativement, accumuler, accumulation, accumulateur.

Curare . . . . *soigner*. . (Voir le substantif CURA, soin).

Damnare. . . *condam-* damnable, damnation, se damner. *ner* . . .

Dare, datum.*donner*. . datif, dation (terme de jurisprudence).

Declinare . . *détourner.* déclin, décliner, déclinaison.

Decorare. . . *décorer*. . (Voir le substantif DECUS, ornement).

Delectare . . *charmer* . délectable, délecter, délectation.

Delegare. . . *envoyer,* délégué (un), délégation, délégataire, dé-*confier* . . légateur, délégatoire, déléguer.

Denuntiare . *déclarer* . dénoncer, dénonciateur, dénonciation.

Desiderare. . *désirer*. . desideratum, desiderata (au pluriel).

Designare . . *marquer*. désigner, désignation, désignatif.

Destinare . . *destiner* . destination, destinataire.

Determinare.*borner,* . déterminer, détermination, déterminable, déterminatif, indéterminé, *indé-*limiter* . . *terminable*, indétermination (avec IN privatif).

Devastare . . *ravager*. . dévaster, dévastation, dévastateur.

Dictare . . . *répéter*. . dicter, dictée (une).

Dissimulare .*feindre.* . dissimuler, dissimulation, dissimulateur.

Donare,atum *donner* . . donation, donataire, donateur, donatrice.

Educare . . . *élever,* . . éducable, éducabilité, éduquer (élever *former.* . pour les animaux), éducation, *éducateur.*

Evocare . . . *appeler,* . évoquer, évocation, évocable, évocatoire *attirer.* . (Voir le verbe VOCARE, appeler).

Excitare . . . *ranimer,* . excitable, excitatif, excitation, exciter, *stimuler* . excitant (un), surexciter, surexcitation.

Excusare . . *justifier* . excuser, excusable, inexcusable (avec IN privatif).

Explicare . . *étendre,* . explication, expliquer, explicable, ex- *raconter* . plicateur, explicatif, inexplicable, inexpliqué (avec IN privatif).

Explorare . . *observer,* explorer, exploration, explorateur, inex- *examiner.* ploré (pays).

Exportare . . *exporter* . exportation, exportateur.

Expugnare . *attaquer* . inexpugnable (avec IN privatif).

Exspectare . *attendre,* expectant, expectation, expectatif, expec- *espérer.* . tative (être dans l').

Exterminare .*chasser.* . exterminer, extermination, exterminateur.

Fabricare . . *fabriquer.* (Voir le substantif FABER, ouvrier).

Fatigare . . . *lasser,* . . fatigue, fatigant, fatiguer, *défatiguer,* in- *ennuyer* . fatigable, infatigablement.

Firmare . . . *assurer,* . (Voir les verbes AFFIRMARE, assurer), CONFIR- *prouver* . MARE, affirmer, INFORMARE, avertir, instruire).

Flagellare . . *frapper.* . flageller, flagellation.

Fœderare . . *allier, unir* (Voir le mot FOEDUS, gén. FOEDERIS, alliance).

Formare . . . *former,* (Voir le substantif FORMA, forme).

Fraudare . . . *tromper* . (Voir le substantif FRAUS, gén. FRAUDIS, fraude).

Fricare, fric- *frotter.* . friction, frictionner.
  tum . . . .

Fundare . . . *établir* . . fonder, fondements, fondation, fondateur.

Gubernare . . *conduire,* . gouverner, gouvernement, gouverne, *diriger.* . gouverneur, gouvernante, ingouvernable (avec IN privatif).

Gustare . . . *goûter.* . (Voir le substantif GUSTUS, goût).

Honorare . . *honorer* . (Voir le substantif HONOR, honneur).

Ignorare . . . *ignorer* . ignorance, ignorant (un), ignoramment, *ignorantin, ignorantissime.*

Illustrare . . *illustrer* . (Voir l'adjectif ILLUSTRIS, illustre).

Importare . . *introduire* importer, importation, importateur.

Incitare . . . *pousser* . . inciter, incitation, incitant (stimulant).

Inclinare. . . *pencher* . incliner, inclination, inclinaison, *inclinement*, enclin.
Indicare . . . *montrer* . indication, indicateur, indicatif, indiquer.
Informare . . *avertir* . . informer, information.
Inspectare . . *examiner* . inspecter, inspection, inspecteur, inspectrice.
Interrogare . *demander*. interroger, interrogateur, interrogation, interrogatoire, interrogatif, *interrogativement*.
Investigare . *rechercher* investigation, investigateur (regard).
Invocare. . . *invoquer* . . invocation, *invocatoire*.
Irrigare . . . *arroser* . . irriguer, irrigation, irrigateur, irrigatoire.
Irritare . . . *mettre en* irrité, irritation, irritable, irritant, irri*colère* . . tabilité (Voir le substantif IRA, colère).
Iterare. . . . *répéter* . . réitérer, réitération, *réitératif*.
Jactare . . . *se vanter* . jactance.
Lacerare. . . *briser* . . lacérer, lacération, dilacérer, dilacération.
Laniare . . . *déchirer* . lanière.
Laudare . . . *louer*. . . laudatif (discours).
Lavare, lau-*laver*. . . lavoir, lavabo, lavage, laveur, laveuse, **tum** . . . . lavis, lavandière, lavette, lavement, lotion
Laxare. . . . *adoucir*. . laxatif (remède).
Legare. . . . *envoyer* . (Voir le mot LEGATUS, envoyé, ambassadeur).
Levare. . . . *alléger,* enlever, enlèvement, relever, relèvement, *diminuer*. soulever, soulèvement.
Libare. . . . *verser* . . libation.
Liberare . . . *délivrer* . libération, libérateur, *libérable, libératif*.
Ligare.atum. *lier, unir* . ligament, ligamenteux, ligature, ligue, liguer, ligueur.
Locare. . . . *placer*. . (Voir le substantif LOCUS, lieu).
Macerare . . *affaiblir* . macérer, macération.
Maculare . . *tacher*. . (Voir le substantif MACULA, tache).
Mandare. . . *confier* . . mander, mandement, mandat, manda*ordonner*. taire, commander, commandement (avec la préposition CUM).
Memorare . . *rappeler,* mémorable, mémorablement, mémo*raconter*. randum (Voir le substantif MEMORIA, mémoire),
Ministrare. . *soigner,* administrer, administration. adminis*gouverner*. trateur, administratif, administrativement (avec la préposition AD, pour).
Mitigare. . . *apaiser*. . mitiger, mitigation, *mitigatif*.
Monstrare. . *indiquer* . montrer, démontrer, démonstration, démonstratif, démonstrativement.

Multiplicare . *multiplier* multiplication, multiplicande, multiplicateur.

Mutare . . . *changer* . mutation, mutabilité (Voir le verbe PERMUTARE, échanger).

Narrare . . . *raconter* . narrer, narration, narrateur, narratif (genre), *énarrer, énarration, énarrable,* inénarrable (avec IN privatif).

Nominare . . *nommer* . (Voir le substantif NOMEN, nom).

Notare . . . . *marquer,* .note, notabilité, notable, notablement, *noter* . . notamment, notaire, notariat, notarié, annoter, annotation, annotateur.

Novare . . . . *changer* . (Voir l'adjectif NOVUS, nouveau).

Numerare . . *compter* . énumérer, énumération, énumératif, (Voir le substantif NUMERUS, nombre).

Nuntiare . . . *annoncer* .énoncer, énonciatif (terme), énonciation. (Voir les verbes DENUNTIARE, déclarer et PRONUNTIARE, prononcer).

Objectare . . *opposer* . objecter, objection.

Objurgare . . *reprocher* .objurgation.

Obligare . . . *attacher,* obliger, obligation, obligatoire, oblilier . . . geance, obligeant, obligeamment, désobliger, désobligeance,désobligeant, désobligeamment.

Observare . . *observer* . observance, observation, observateur, observable, observatoire, inobservance, inobservation (avec IN privatif).

Obturare . . . *boucher* . obturateur, obturation.

Occultare . . *cacher* . . occulte, occultation, *occultement.*

Occupare . . . *prendre,* occuper, occupation, inoccupé, *innoccus'emparer.* pation (avec IN privatif), préoccuper, préoccupation (avec la préposition PRÆ, avant).

Onerare . . . *charger* . (Voir le substantif ONUS, fardeau).

Optare . . . . *choisir* . . opter, option, optatif, *optation,*adopter, adoption,adoptif(enfant),adoptive (patrie).

Orare, atum .*prier,* . . oraison, oratoire (un), orateur, oratoire *discourir* . (morceau), oratoirement, Oratoriens (les), pérorer, péroraison.

Ordinare . . . *ranger* . .(Voir le substantif ORDO, ordre).

Ornare . . . . *orner* . . (Voir le substantif ORNAMENTUM, ornement).

Ostentare . . *montrer* . ostentation.

Parare . . . . *disposer,* préparer, préparation, préparatif, prépar*arranger* . parateur, préparatoire (avec la préposition PRÆ, avant).

Participare . *partager* .participer, participation, participe.

Permutare . . *échanger* .permuter, permutation, permutabilité, permutable.

Perturbare . *troubler* . perturbation, perturbateur, perturbatrice, imperturbable (silence), imperturbabilité.

Portare,atum *porter* . . porteur, apport, apporter, déporter, déportation. (Voir les verbes EXPORTARE, exporter, IMPORTARE, introduire, importer, REPORTARE, rapporter et TRANSPORTARE, transporter).

Postulare . . *demander*.postuler, postulant, postulateur, apostille, apostiller.

Præcipitare .*précipiter*.précipitation, précipité(un), terme de chimie.

Præparare.. *préparer* .préparation, *préparateur*, préparatif, préparatoire (école).

Præservare .*préserver*.préservation, préservatif, préservateur.

Privare . . .*priver*. . privation, privatif, privativement.

Probare . . . *approuver* probable,probablement,probante (raison), approbation, approbateur, approbatif, approbativement, désapprobation,désapprobateur.

Pronuntiare . *prononcer* prononciation (d'où les Espagnols ont dû tirer leur mot PRONUNCIAMENTO). (Voir le livre sur les mots tirés des langues étrangères).

Prorogare . . *prolonger*.proroger, prorogation, prorogatif.

Provocare.. *exciter* . . provoquer, provocation, provocateur. (Voir le verbe VOCARE, appeler).

Pulsare . . .*pousser, repousser*. pulsation, pulsatif, propulsion, propulseur (avec la préposition PRO, avant), répulsion, répulsif.

Purgare . . . *nettoyer* . purge, purger, purgation, purgatif,purgatoire, M. Purgon (dans Molière).

Purificare . . *purifier* . purification, *purificateur*.

Putare . . . . *penser, apprécier*. putatif, dispute, disputer, imputer, imputation, imputable (avec la préposition IN, dans), réputer.

Recitare . . . *répéter* . . récit, réciter, récitation, récitatif.

Recreare . . . *réparer* . récréation, récréer, récréatif, *récréativement*.

Recusare . . *refuser* . . récuser, récusation, récusable, irrécusable (témoin).

Recuperare . *recouvrer*.récupérer.

Reformare.. *corriger* . réforme, réformer, réformateur, réformation, réformable, *réformiste*.

Refutare . . . *repousser, rejeter*. . réfuter, réfutation, réfutable, irréfuté, irréfutable (témoignage).

Relaxare.. . *dégager*. . relaxer, relaxation.

Relegare. . . *éloigner* . reléguer, relégation (terme de jurisprudence)

Renovare . .*rétablir* . rénovation, *rénovateur*.

Reportare. . *rapporter*.report, reporter (d'où les Anglais ont fait le mot REPORTER, rapporteur de nouvelles). (Voir le livre sur les mots tirés des langues étrangères).

Repræsen - *imiter*,. . représenter, représentation, représen-
tare . . . *reproduire* sentant (un), représentatif (gouvernement).

Reprobare . . *réprouver*.réprobation, réprobateur. (Voir le verbe PROBARE, approuver).

Repudiare . . *rejeter*. . répudier, répudiation.

Reputare . . *réfléchir*..réputer, réputation.

Reservare . . *conserver*, réserve, réserver, réservation, réser-
ménager . viste, réservoir.

Resignare . . *remettre*..résignation, résigner, résignataire.

Restaurare. . *réparer*, .restaurer, restaurateur, restaurant,res-
rétablir . tauration (de tableaux).

Retardare . . *arrêter*,. retard, retarder, retardataire, retarde-
attarder . ment, rétardation (terme de physique). (Voir l'adjectif TARDUS, lent).

Retractare. . *retirer*, .rétracter, rétractation, *rétractable*, ré-
refuser. . tractile, rétractilité, rétraction.

Revocare . . *rappeler* . révoquer, révocation, révocable, révocatoire (acte), irrévocable, irrévocabi-
lité, irrévocablement. (Voir le verbe VO-
CARE, appeler).

Rigare, atum *arroser*, . rigole, irrigable, irrigation, *irriguer*, ir-
répandre . rigateur, *irrigatoire*.

Rogare. . . . .*deman-* rogations (prières), rogatoire (commission),
der,inter- arrogant, arrogance, arrogamment,
roger, s'arroger, prérogative (avec la préposition
prier . . PRÆ, avant).

Rotare . . . . *mouvoir* . rotation, rotateur (muscle), rotatrice (force),
tourner . *rotatif*, rotatoire.

Sacrare . . . *sacrer*. . consacrer, consécration (avec la préposition
CUM).

Salutare . . . *saluer*. . salutation.

Saturare . . . *rassasier* .saturer, saturation.

Secare, sec- *couper*, sécable, sécante, sécateur, secteur, sec-
tum . . . .*séparer*.. tion, disséquer, dissection, dissé-
queur.

Sedare . . . . *calmer*. . sédatif, sédative (eau).

Segregare . . *séparer* .ségréger, ségrégation.

Servare . . . *garder*, conserver, conservatoire, conservateur,
conserver. conserve, conservation, *conservatif*
(avec la préposition CUM).

Signare . . . *désigner* . (Voir le substantif SIGNUM, signe).

Significare. . *indiquer*, signifier, signification, significatif, as-
annoncer. signat, assigner, assignation.

Simulare. . . *feindre.* . simuler, simulation, dissimuler, dissi-
mulation, dissimulateur.
Sociare . . . *joindre,* (Voir l'adjectif SOCIUS, allié).
unir. . .
Sollicitare. . . *solliciter.* sollicitation, solliciteur, sollicitude.
Spoliare . . . *dépouiller.* spolier, spoliateur, spoliation.
Strangulare. *étrangler.* strangulation, *stranguler.*
Suffocare . . *étouffer* . suffoquer, suffocation, suffoquant.
Superare. . . *surpasser.* superlatif, superlativement.
Tardare . . . *arrêter.* . (Voir le verbe RETARDARE, retarder).
Tentare . . . *essayer,* . tenter, tentation, tentateur, tentative,
toucher . tentacule, intenter (un procès).
Transpor- *transpor-* transport, transportation, transporta-
tare. *ter* . . . ble.
Turbare . . *agiter.* . (Voir le verbe PERTURBARE, troubler).
Usurpare . . *s'emparer.* usurper, usurpation, usurpateur.
Variare . . . *changer* . varier, variation, variante, variété, va-
riabilité, variable, variablement, in-
variabilité, invariable, invariablement,
(avec IN privatif).
Vastare . . . *ravager* . (Voir le verbe DEVASTARE, dévaster).
Versare . . . *tourner* . versatile, versatilité.
Vexare. . . . *tourmen-* vexer, vexation, vexatoire.
ter . . .
Vindicare . . *venger.* . vindicatif.
Vitare . . . . *fuir,* . . . évitable, évitement, éviter, inévitable,
éviter . . inévitablement (avec IN privatif).
Vocare. . . . *appeler* . vocatif, vocation, vocabulaire, convo-
quer, convocation (avec la préposition
CUM), révoquer, révocation, révocable,
révocatoire, irrévocable, irrévocabi-
lité, irrévocablement (Voir les verbes
EVOCARE, évoquer. INVOCARE, invoquer et
PROVOCARE, provoquer, exciter).
Vulgare . . . *répandre.* vulgarité, vulgariser, vulgarisation, vul-
publier. . garisateur, divulguer, divulgation.

Verbes neutres.

Ambulare . . *marcher,* .ambulance, ambulancier, ambulant
se prome- (train), ambulatoire, préambule (avec la
ner . . . préposition PRÆ, avant).
Arare . . . . *labourer.* aratoire (instrument).
Bellare. . . . *faire la* (Voir le substantif BELLUM, guerre).
guerre . .

Clamare . . . *crier* . . . (Voir le substantif CLAMOR, bruit, cri).
Cogitare . . . *penser*. . *cogitation*.
Conjurare . . *comploter*. conjuration, conjuré (un).
Conspirare . *conspirer*. conspirateur, conspiration.
Deliberare . . *consulter*, délibérer, délibération, délibérant (corps),
    détermi-   délibératif, délibéré (un), délibéré-
    ner . . . ment.
Dubitare . . . *douter*. . dubitatif, dubitation, *dubitativement*, in-
    dubitable, indubitablement.
Errare . . . . *errer, se* errement, erroné, erratum, errata, aber-
    tromper . ration (avec le préposition AB, loin).
Exclamare . . *s'écrier* . exclamation, exclamatif (point), s'excla-
    mer.
Flagrare . . . *brûler*. . flagration, flagrant (délit), conflagration
    (avec la préposition CUM), déflagration.
Halare . . . *souffler*. . exhaler, exhalaison, exhalation, *exhala-*
    toire (avec la préposition EX, hors de).
Insultare . . . *outrager*. insulte, insulter, insulteur, insultant
    (propos).
Laborare . . . *travailler*. élaborer, élaboration, collaborer, colla-
    boration, collaborateur (Voir le substantif
    LABOR, travail).
Manare . . . *couler*. . émaner, émanation (avec la préposition È, de).
Migrare . . . *émigrer* . émigration, émigrant (un), émigré (un).
Militare . . . *combattre*. (Voir le substantif MILES, soldat).
Natare . . . . *nager* . . natation, natatoire (appareil)
Navigare . . *naviguer*. navigation, navigateur, circumnaviga-
    tion (voyage de), (avec le mot CIRCUM, autour).
Negare . . . *nier, re-* négation, *négateur*, négatif, négative-
    fuser . . ment, négative (proposition), dénier, dé-
    négation, renier, reniement, reniable.
Palpitare . . *remuer*. . palpiter, palpitation, palpitant (récit).
Penetrare . . *pénétrer*, pénétration, pénétrant (esprit), pénétra-
    introduire ble, pénétrabilité, pénétratif, impé-
    nétrabilité, impénétrable, impénétra-
    blement.
Perseverare . *persister*, . persévérer, persévérant (esprit), persévé-
    continuer. rance, persévéramment.
Rebellare . . *se révolter* rebelle, rébellion, se rébeller.
Regnare . . . *gouverner* régner.
Spirare . . . *exhaler*, . aspirer, aspiration, conspirer, conspira-
    souffler . tion, conspirateur, inspirer, inspira-
    tion, inspirateur, respirer, respira-
    tion, respiratoire (organe).
Stagnare . . *séjourner*. stagnation, stagnante (eau).
Stare, statum. *se tenir* station, stationnaire, stationnement,
    debout. . stationner, constater, constatation.

Sudare. . . . *suer*. . . sudation.
Supplicare. . *supplier* . supplication.
Trepidare . . *trembler*. trépidation.
Vacare. . . . *être vide,* vacances, vacation, vaquer, évacuer,
 avoir du évacuation, évacuatif (avec la préposition
 loisir . . EX, hors d·).
Vigilare . . . *veiller* . . vigie, vigilance, vigilamment.
Volare . . . . *voler, s'é-* vol, volatile, volatiliser, volatilisation,
 chapper . volaille, volant, s'envoler.

DEUXIÈME CONJUGAISON

Verbes actifs.

Supin terminé en **sum** ou **tum**.

Absorbere, *avaler*. . absorber, absorption.
 orptum . .
Admonere,ni-*avertir* , . admonester, admonestation, *admoni-*
 tum . . . . *répriman-* *teur*, admonition.
 der . . .
Amovere, *ôter*,. . . amovible, amovibilité, inamovible, ina-
 amotum . . *déplacer* . movibilité (avec IN privatif).
Augere, auc-*accroître* . augment, augmenter, augmentation,
 tum . . . . augmentatif.
Censere, cen-*compter*, censeur, censure, censurer, censurable.
 sum . . . . *ordonner* .
Coercere, ci- *retenir* . . coercition, coercitif (terme de jurisprudence).
 tum . . . .
Commovere, *agiter*,. . commotion, locomotion, locomotive, lo-
 motum. . . *émouvoir* . comoteur (avec le substantif LOCUS, lieu).
Complere , *remplir,* complément, complémentaire, complet,
 etum. . . . *achever* . compléter, complétif, complétement,
 incomplet, incomplètement (avec IN
 privatif).
Continere , *arrêter* . . continent, continence, incontinent, in-
 tentum. . . continence (avec IN privatif).
Debere, bi-*devoir*. . débiteur, débitrice, débit, débiter, dé-
 tum . . . . bet.
Deridere, ri- *se moquer* dérision, dérisoire, dérisoirement, se
 sum . . . . *de*. . . . dérider.
Detinere,ten-*retenir* . . détention, détenteur, déteneur, détenu.
 tum . . . .
Devovere,vo-*se dévouer* dévot, dévotion, dévotement.
 tum . . . .

Dissuadere, *détourner.* dissuader, dissuasion.
suasum . .
Docere, doc- *enseigner.* (Voir l'adjectif DOCTUS, savant).
tum . . . .
Exercere, ci- *exercer.* . exercice.
tum . . . .
Exhibere, bi- *montrer* . exhiber, exhibition.
tum . . . .
Extorquere, *arracher.* extorquer, extorsion.
torsum . . .
Habere, bi- *avoir,* . . habituer, habitude, habitué (un), habi-
tum . . . . *garder.* . tuel, habituellement, déshabituer.
Merere, ri- *mériter,* . mérite, méritant, méritoire, méritoire-
tum . . . . *être digne* ment, démérite, démériter, immé-
rité (avec IN privatif).
Miscere, mix- *mêler* . . mixte, mixtion, mixtionner, mixture,
tum . . . . immixtion, s'immiscer (avec la préposition IN, dans).
Monere, ni- *avertir* . . monition, moniteur, monitrice, admo-
tum . . . . nition, *admoniteur.*
Mordere, mor- *mordre* . mordiller, mordant (esprit), morsure.
sum . . . .
Movere, mo- *mouvoir,* mouvant (terrain), mouvement, *mouve-*
tum . . . . *émouvoir,* *menté,* moteur, motion, motrice (force),
déplacer . émotion, émotionner.
Obsidere, ses- *assiéger* . obséder, obsession, obsesseur.
sum . . . .
Obtinere, ten- *obtenir.* . obtention,
tum . . . .
Persuadere, *persuader.* persuasion, persuasif,
suasum . .
Possidere, . *posséder* . possession, possesseur, possessif, dé-
sessum. . . posséder, dépossession.
Præbere, bi- *montrer,* prébende, prébendé (chanoine).
tum . . . . *fournir* .
Præmonere, *prévenir* . prémunir, prémunition.
nitum . . .
Prævidere, . *prévoir* . . prévision (Voir le verbe VIDERE, voir).
visum . . .
Prohibere, bi- *défendre,* prohiber, prohibition, prohibitif, pro-
tum . . . . *empêcher* . hibitive (loi), *prohibitivement.*
Providere, *prévoir,* providence, providentiel, providentiel-
visum . . . *pourvoir* . lement, provision, provisionnel, pro-
visionnellement, approvisionner.
Recensere, *compter* . recenser, recensement, *recenseur.*
censum . .

Replere, ple- *retenir*. . réplétion, replet, replète.
tum . . . .

Retinere, ten- *remplir* . retenue, rétention, retentionnaire (terme
tum . . . .   de jurisprudence),

Suadere, sua- *conseiller*. (Voir les verbes DISSUADERE, détourner et PER-
sum . . . .   SUADERE, persuader).

Sustinere, *supporter*. soutenir, soutenable, soutenance, sou-
tentum . .   tènement, soutien, insoutenable (avec
         IN privatif).

Terrere, ri- *effrayer* . terrifier, terrifiant (récit), (Voir le substantif
tum . . . .   TERROR, terreur).

Tondere, ten- *raser,* . . tondre, tondaison, (synonyme de TONTE), ton-
sum . . . *couper.* . deur, tonsure, tonsurer.

Torquere, tor- *tordre,* torture, torturer, Torquemada (nom), tor-
tum . . . . *tourmen-* tue, tortueux, tortueusement, tor-
         ter, tour- tuosité, torte ou torse, torsade, tor-
         ner . . . sion, torticolis (avec le substantif COLLUM,
         cou), contorsion (avec la préposition CUM).

Torrere, tos- *brûler,* torréfier, torréfaction, *torréfacteur,* (avec
tum . . . . *rôtir.* . . le verbe FACERE, faire, supin FACTUM), tor-
         ride (zone).

Urgere. . . . *presser.* . urgence, urgent.

Videre, vi- *voir* . . visa, visée, viser, visible, visibilité, vi-
sum . . . .   siblement, visière, vision, visuel (rayon),
         invisible, invisibilité, invisiblement
         (avec IN privatif), réviser, révision.

Verbes neutres.

Abstinere, *s'abstenir*. abstention.
tentum. . .

Adhærere, *attacher* . adhérer, adhérence, adhérent, adhé-
hæsum. . .   sion, adhésif.

Ardere, ar- *brûler.* . ardent, ardemment.
sum . . . .

Dolere, litum. *souffrir,* doléance, dolent, dolemment, condo-
         se plain- léance (avec la préposition CUM).
         dre . . .

Eminere . . . *exceller,* éminence, éminent, éminemment, préé-
         s'élever . minence, prééminent (avec la préposition
         PRÆ, avant).

Fervere . . . *être brû-* fervent, ferveur, *fervemment.*
         lant . .

Hærere, hæ- *être en* hésiter, hésitation.
sum . . . . *suspens* .

Horrere . . . *redouter* . abhorrer.
Indigere . . . *avoir be-* indigent, indigen
        soin. . .
Indulgere . . *pardonner* indulgent, indulgence, *indulgemment.*
Jacere . . . . *être cou-* adjacent, adjectif, adjectivement (avec la
        ché . . .   préposition AD, auprès).
Latere . . . . *se cacher* .latent.
Lugere. . . . *pleurer* .lugubre, lugubrement.
Manere . . . *rester* . . permanent, permanence (avec la préposition
        PER, pendant).
Respondere, *répondre* .répondant (un), réponse, responsable,
  ponsum . .   responsabilité, irresponsable, irres-
        ponsabilité.
Ridere, ri- *rire*. . . . dérision, dérisoire (Voir le substantif RISUS,
  sum . . . .   rire).
Silere . . . *se taire* . (Voir le substantif SILENTIUM, silence).
Splendere . . *briller.* . (Voir le substantif SPLENDOR, splendeur).
Tacere, ci- *se taire* . (Voir l'adjectif TACITUS, silencieux).
  tum . . . .
Tumere . . . *être enflé,* tuméfier, tuméfaction, (avec le verbe FACE-
        gonflé. . RE, faire, supin FACTUM).
Vovere, vo- *consacrer,* vote, voter, votant, votation, votif, vouer,
  tum . . . . *promettre.* dévouer, dévouement.

TROISIÈME CONJUGAISON

Verbes actifs.

Supin terminé en **sum** ou **tum**.

Abluere ,   *laver* . . abluer, ablution.
  utum . . . .
Abstrahere, *arracher,* abstraire, abstraction, abstrait, abstrai-
  tractum . . *détacher.* tement, *abstractif,* abstractivement.
Addere, di - *ajouter.* . addition, additionner, additionnel (arti-
  tum . . . .   cle), *additif.*
Adducere, du *amener.* . adducteur (muscle), adduction.
  ctum . . . .
Adjungere , *relier* . . adjoint (un), adjoindre. (Voir les verbes DIS-
  junctum . . *réunir.* . JUNGERE, disjoindre et JUNGERE, joindre).
Admittere , *admettre,* admission, admissible, admissibilité,
  missum . . *recevoir* . inadmissible, inadmissibilité (avec IN
        privatif.)

Agere, ac- *faire.* . . agir, acte, acteur, action, actif, réagir,
tum . . . . réaction, réactif, réactionnaire.
Animadver- *remar-* animadversion.
tere, ver- *quer.* . .
sum . . . .
Apprehende- *prendre,* appréhender, appréhensible, appréhen-
re,hensum .*saisir* . . sion.
Arguere, gu- *accuser* . arguer, argutie.
tum . . . .
Ascendere , *monter.* . . ascendant (mouvement), ascendants (les),
censum . . *ascendance,* ascenseur, ascension, as-
censionnel,ascensionnelle (force),trans-
cendant,transcendance (avec la préposition
TRANS, au-delà).
Assumere , *prendre* . assumer.
sumptum .
Attrahere , *attirer.* . attraction, attractif, *attracteur,* attrait,
tractum . . attrayant (spectacle).
Avertere , *détourner* aversion, *aversatif.*
versum . .
Bibere, bibi- *boire* . . biberon, imbiber, imbibition (avec la pré-
tum . . . . position IN, dans).
Capere, cap- *prendre* . capter, captation, capture, capturer,
tum . . . .
Cedere, ces- *cesser, a-* cession, cessionnaire, cessible, *cessibi-*
sum . . . .*bandonner* *lité,* incessible, incessibilité, rétrocé-
der, rétrocession (avec l'adverbe RETRO,
en arrière).
Cingere,cin- *entourer,* ceintre, ceintrer, ceintrage, ceinture,
ctum . . . .*ceindre* . ceinturier, ceinturon, *ceinturer.*
Claudere, *fermer.* . clore, clos (un), clôture, *clôturer,* cloison,
clausum . . cloisonnage, enclos, enclore, inclure,
inclus, inclusivement (avec la préposition
IN, dans), forclore, forclusion, (terme de
palais),(avec l'adverbe FORAS, dehors).
Cogere,coac- *forcer.* . coaction, coactif.
tum . . . .
Cognoscere, *connaître* .*cognition, cognitif* (termes de philosophie).
gnitum. .
Colere, cul- *cultiver* . culte, cultivable, cultivateur, culture,
tum . . . . inculte, inculture, colon, colonie, co-
lonisation, colonisable, colonisateur,
inculte, inculture (avec IN privatif).
Colligere,lec--*rassem-* collecteur (égout), collectif, collective-
tum . . . .*bler.* . . ment, collection,collectionner, collec-
tionneur.(Voir le mot COLLEGIUM, collège).

Componere, *arranger,* composer, composite (ordre, nombre), com
positum .. *disposer,* position, compositeur, décomposer,
réunir. . décomposition, *décomposable,* recom-
poser, recomposition. (Voir le verbe PO-
NERE, placer).

Comprehen- *saisir,* compréhension, *compréhensif,* compré-
dere, hen- *prendre .* hensible, *compréhensibilité,* compren-
sum . . . . dre, incompréhensible, incompréhen-
sibilité (avec IN privatif).

Concedere, *accorder,* concéder, concession, concessionnaire.
cessum . *permettre.*

Concludere, *terminer.* conclure, conclusion.
clusum. . .

Conficere,fe- *faire,pro-* confection, confectionner, *confection-*
ctum . . *duire .* *neur.*

Conjungere, *joindre,* conjoints (les), conjointement, conjoin-
junctum .. *unir* . . . dre, conjonction, conjonctif, conjonc-
tive (la), *conjonctivité* (la), terme de médecine), conjoncture.

Constituere, *placer,* constituer, constitutif,constituant,cons-
tutum . . . *établir.* . tituante (l'Assemblée),constitution,cons-
titutionnalité, constitutionnel, cons-
titutionnellement, inconstitutionnel,
inconstitutionnellement (avec IN privatif).

Consumere, *détruire,* consumer, *consumable,* consomption,
sumptum . *ruiner.* . consomptif (terme de médecine),*inconsum-*
mer.

Contrahere, *réunir,* contrat, contracter, contraction, *con-*
tractum .. *serrer .* . *tractif,* contractant, *contractable,* con-
tractile, contractilité (terme de médecine),
contractuel, contracture (terme d'architecture). (Voir le verbe TRAHERE, tirer).

Convellere, *arracher,* convulsion, convulsionner, convulsion-
vulsum . . *enlever.* naire, convulsif, convulsivement.

Convertere, *tourner .* convertir, convertible,*convertibilité,con-*
versum . . *vertissable,* convertissement. (Voir le
verbe VERTERE, tourner).

Coquere,coc- *faire,* . . coction, décoction.
tum . . . . *cuire .* .

Corrigere,re- *redresser,* corriger, corrigible, correct, correcteur,
ctum . . . . *réformer .* correctif, correction, correctionnel,
correctionnellement, incorrigible, in-
corrigibilité, incorrigiblement, incor-
rection, incorrect,incorrectement (avec
IN privatif).

Corrumpere, *altérer,* corrompre, corrupteur, corruption, cor-
ruptum . . *détruire .* ruptible, corruptibilité, incorruptible,

incorruptibilité, *incorruptiblement*(avec IN privatif). (Voir le verbe RUMPERE, briser).

Credere, di- *confier,* crédit, créditer, créditeur, crédence, **tum . . . .** *croire . .* crédencier, Credo, crédule, crédulité, *crédulement,* incrédule, incrédulité, *incrédulement* (avec IN privatif), accrédite, décréditer.

Defendere , *défendre .* défendable, défendeur, défense, défen- **fensum. . .** seur, défensif, *indéfendable.*

Demittere , *renvoyer .* démettre (se), démission, démission- **missum · .** naire, *démissionner* (Voir le verbe MITTE-RE, envoyer).

Deponere, po- *déposer .* dépôt, dépositaire, déposition, déposant, **situm . . .** (un), *dépositeur, dépositoire.*

Destruere , *détruire .* destructeur, destruction, destructible, **tructum . .** destructibilité, destructif, *destructivi-té,* indestructible, indestructibilité, (avec IN privatif).

Dicere, dic- *dire,* dicton, diction, prédire, prédiction (avec **tum . . . .** *plaider. .* la préposition PRÆ, avant), redire, redite, redire, rediseur.

Diligere, lec- *aimer,* prédilection (avec la préposition PRÆ, avant). **tum . . . .** *chérir . .*

Discernere, *distinguer* discerner, discernement. **cretum. . .**

Disjungere, *éloigner,* disjoindre, disjonction, disjonctif (terme **junctum . .** *séparer.* de grammaire).

Disponere, *arranger,* disposer, disposition, dispositif, (terme **positum . .** *établir. .* de procédure), disponible, disponibilité, prédisposer, prédisposition.

Dissolvere , *séparer,* dissolvant, dissolutif, dissolution, dis- **lutum . . .** *dissoudre.* soluble, dissolubilité, indissoluble, in-dissolubitité, indissolublement (avec IN privatif).

Distinguere, *diviser,* distinguer, distinct, distinction, distinc- **tinctum . .** *séparer .* tinctif, distinctement, indistinct, in-distinctement (avec IN privatif).

Distrahere, *partager,* distraire, distraction (Voir le verbe TRAHE- **tractum . .** *séparer .* RE, tirer).

Distribuere, *partager,* distribuer, distribution, distributeur, **butum . . .** *répartir .* distributif, distributivement, *distri-buable*(Voir le verbe TRIBUERE, accorder).

Dividere, vi- *répartir,* dividende, diviser, diviseur, divisible, **sum . . . .** *distribuer.* divisibilité, division, divisionnaire, *divisément,* indivis, indivisément, in-divisible, indivisibilité, indivisible-ment (avec IN, privatif).

Ducere, duc- *conduire,* conduire, duc, archiduc, conducteur, conductrice,
tum . . . . *tirer . . .* conductible, *conductibilité* (termes de physique), éducable, *éducateur,* éducation, induction (avec la préposition IN, dans), déduction, traduction, traducteur. (Voir les verbes INTRODUCERE, introduire, PRODUCERE, produire et REDUCERE, réduire).

Edere, edi- *produire,* édit, éditer, éditeur, édition, *réédition.*
tum . . . . *répandre.*

Eligere, elec- *choisir . .* éligible, éligibilité, électeur, élection,
tum . . . . électorat (un), électoral (corps), électif, *électivité.*

Emere, emp- *acheter. .* emplette.
tum . . . .

Emittere , . *faire, sor-* émettre, émissaire, émissif (terme de phy-
emissum. . *tir . . .* sique), émission. (Voir le verbe MITTERE, envoyer).

Evertere , . *détruire .* éversion, *éversif.*
eversum . .

Exigere, exa- *réclamer,* exiger, exigible, exigibilité, exaction.
ctum. . . .

Eximere , . *délivrer .* exempt, exempter, exemption.
exemptum.

Expellere , . *chasser. .* expulser, expulsion, expulsif.
pulsum. . .

Exstinguere, *étouffer,* extinction, *extinguible,* inextinguible
tinctum . . *éteindre .* (rire, soif).

Exuere, exu- *dépouiller* exutoire (un), terme de médecine.
tum . . . .

Extrahere, . *retirer. .* extraire, extraction, *extractif.* (Voir le verbe
tractum . . TRAHERE, tirer).

Fallere, fal- *tromper .* falsifier, falsificateur, falsification, fal-
sum . . . . sifiable (Voir l'adjectif FALLAX, trompeur).

Ferre, latum. *porter . .* différer, proférer, référer, transférer, transfert, transfèrement, translater, translation (avec le mot TRANS, au delà).

Figere , fi- *planter,* fixe, fixer, fixation, fixité, fixement.
xum . . . . *attacher .*

Fingere, fic- *feindre. .* fiction, fictif (récit), fictivement.
tum . . . .

Flectere, fle- *plier,* flexible, flexion, flexueux, flexuosité
xum . . . . *courber .* (terme de botanique), inflexion, inflexible, inflexibilité, inflexiblement (avec IN privatif). génuflexion (avec GÉNU, genou).

Frangere , . *briser,* fraction, fracture, fracturer, fraction-
fractum . . *réduire. .* naire, fractionner, fractionnement,

effraction, infraction, infracteur (avec IN privatif, réfracter, réfractaire, réfraction, réfractif, réfrangible, réfrangiblité.

Fundere,fu- *verser,* . fusion, fusionner, fusionnement, con-
sum . . . . *répandre* . fus, confusion, confusément, diffus, diffusion, diffusément, *diffusible*, effusion, infus, infuser, infusion, infusible (métal),(avec la préposition IN, dans).

Gerere, ges- *faire,* . . gérer, gérance, gérant, gestion, conges-
tum . . . . *porter.* . tion,*congestionner* (avec la préposition CUM), ingérence, ingérer, s'ingérer (avec la préposition IN, dans), suggérer, suggestion.

Impellere, . *pousser* .impulsion, impulsif, impulser. (Voir le
pulsum . . verbe PELLERE, pousser).

Imponere , *placer.* . impôt, imposable, imposer, imposition,
positum . . *imposeur.*

Imprimere , *appliquer,*imprimer, imprimerie, imprimé (un),
pressum . .*presser.* . imprimeur, impression, impressionnable, impressionner, réimprimer, réimpression.

Incendere,. *allumer,* (Voir le substantif INCENDIUM, incendie).
censum . . *brûler* .

Inquirere , *recher-* inquisiteur, inquisition, inquisitorial.
quisitum.. *cher* . .

Inserere,ser- *intercaler.*insérer, insertion.
tum . . . .

Instituere, *établir,* institut,instituer,institution,instituteur,
tutum . . . *disposer* . institutrice, (les) Instituts (de Justinien).

Intelligere, *discerner,* intelligence, intelligent, *intelligemment,*
lectum . . .*compren-* intellect, *intellection*, intellectif, in-
dre . . . tellectuel, *intellectuellement,* intelligible, *intelligibilité,* inintelligence, inintelligent, *inintelligemment,* inintelligible, inintelligibilité, *inintelligiblement* (avec IN privatif).

Interrumpe- *couper,* . interrompre, interrupteur, interrup-
re,ruptum. *troubler* . tion.

Introducere, *faire, en-* introduire, introducteur, introduction
ductum . . *trer.* . . .(INTRO signifie en dedans).

Jacere, . . *jeter* . jactance.
jactum. .

Jungere,jun- *lier,unir.* joindre, jonction, joint (un), jointure,
ctum . . . . jointée (de blé), jointif (terme d'architecture), adjoint, adjoindre, adjonction (avec

la préposition AD, auprès), **disjoindre, disjonction, disjonctif,** (terme de grammaire).

Lædere, læsum .... *blesser,* . léser, lésion.

Liquefacere, factum... *liquéfier* . liquéfaction, liquéfiable (Ce verbe est formé de l'adjectif LIQUIDUS, liquide et du verbe FACERE, faire).

Mergere , mersum .. *plonger, enfoncer.* immerger, immersion, immersible, immersif (avec la préposition IN, dans), submerger, submersion, submersible (avec la préposition SUB, sous).

Mittere, missum .... *envoyer, diriger.* . mission, missionnaire, missive (une), commettre, commission, commissionnaire, commissionner, commissaire, commissariat, démettre, démission, démissionnaire, transmettre, transmission, transmissible, transmissibilité (avec la préposition TRANS, au delà).

Nectere, nexum. . *nouer, attacher.* annexe, annexer, annexion, connexe, connexion, connexité (avec la préposition CUM).

Noscere, notum .... *apprendre connaître.* notion, notoire (connu), notoirement, notoriété, notice, notifier, notaire, notariat.

Offerre, oblatum .... *offrir* . . oblat, oblation.

Offendere, fensum. . *choquer, blesser.* offense, offenser, offenseur, offensif, offensivement, offensive (prendre l'), inoffensif.

Objicere, jectum..... *opposer* . objecter, objectif, objectivement, objection.

Omittere , missum .. *laisser, négliger* . omettre, omission.

Opponere, positum .. *opposer* . opposant (un), (terme de jurisprudence,) opposition, à l'opposite (synonyme de VIS-A-VIS).

Opprimere, pressum .. *opprimer.* oppresser, oppresseur, oppression, oppressif, oppressivement (Voir le verbe PREMERE, presser).

Ostendere , tensum, ou tentum... *montrer* . ostentation, ostensible, ostensiblement, inostensible, inostensiblement (avec IN privatif).

Pellere, pulsum .... *pousser, chasser..* expulser, expulsif, expulsion (avec la préposition EX, hors de), impulsion, impulsif (avec la préposition IN, dans), interpeller, interpellation (avec la préposition IN-

TER, parmi), répulsion, répulsif, propulsion, propulseur (avec la préposition PRO, avant).

Percutere, *frapper* . percussion (arme à), répercussif, réper- **cussum . .** cuter, répercussion (termes de physique et de médecine).

Perdere, di- *perdre.* . perdition, perdant (un), perdable, dé- **tum . . . .** perdition.

Perficere,fe- *achever.* perfection, perfectionner, perfectionne- **ctum . .** ment, perfectibilité, perfectible, imperfection, imperfectible, imperfectibilité (avec IN privatif).

Permittere, *permettre.* permission, *permissionnaire.* **missum . .**

Petere, peti- *aller, de-* pétition, pétitionner, pétitionnaire, pé- **tum . . . .** *mander. .* titionnement, compétiteur, compétition (avec la préposition CUM), répéter, répétiteur, répétition.

Ponere,posi- *placer,éta-* position, positif, positivement, positi- **tum . . . .** *blir. . .* vité, positivisme, positiviste, apposer, apposition, transposer, transposition (avec la préposition TRANS, au-delà). (Voir les verbes COMPONERE, disposer, DEPONERE, déposer, DISPONERE, arranger, IMPONERE, imposer OPPONERE, opposer et SUPPONERE, supposer).

Præficere, *préposer* . préfet, préfecture, préfectoral. **fectum. . .**

Præponere, *préférer* . préposition, prépositif, préposé (un), **positum . .** *prépositivement.*

Præsumere, *juger d'a-* présumer, présumable, présomption, **sumptum . .** *vance . .* présomptueux, présomptueusement.

Prætendere, *mettre en* prétendre, prétentieux, prétendant, pré- **tentum. . .** *avant. .* tention.

Premere , *dresser,* pression, pressoir, pressurer, pressu- **pressum . .** *serrer . .* rage, comprimer, compression, compressible, compressibilité, déprimer, dépression.

Producere , *produire* . producteur, production, productif, re- **ductum . .** producteur, reproduction, reproductif, reproductible, reproductibilité.

Profundere, *répandre* . profusion, profusément. **fusum . . .**

Projicere , *jeter. . .* projectile, projection, projecture (terme **jectum . . .** d'architecture).

Proscribere, *proscrire* . proscripteur, proscription, proscrit (un) **scriptum . .**

Prosternere, *abattre,* prosterner, prosternation, prosterne-
stratum . . *renverser.* ment, prostration (synonyme d'abattement).
Protegere,te- *abriter,* protéger, protecteur, protection, protec-
ctum . . . . *garantir.* tionniste, protectorat.
Quærere, . . *chercher* .inquisiteur, inquisition, inquisitorial
quæsitum . (avec la préposition IN, dans), perquisition
(avec la préposition PER, parmi).
Rapere, rap- *enlever.* . rapt.
tum . . . .
Recludere, . *renfermer* reclus, reclure, réclusion, *réclusion-*
clusum. . . *naire.*
Reddere, di- *rendre.* . reddition.
tum . . . .
Redigere,da- *arranger,* rédiger, rédacteur, rédaction.
ctum. . . . *disposer* .
Redimere, . *racheter* . rédimer (se), rédempteur, rédemption.
demptum .
Reducere, . *ramener,* réduction, réducteur, réductif, réducti-
ductum . . *réduire.* . . ble, *réductibilité,* irréductible, irré-
ductibilité.
Referre,rela- *rapporter.* relater, relation, relatif, relativement.
tum . . . .
Reficere,fec- *réparer.* . réfection, réfectoire.
tum . . . .
Relinquere, *laisser* . . (Voir le substantif RELIQUIÆ, restes).
lictum . . .
Repellere, . *écarter,* . répulsion, répulsif.
pulsum. . . *repousser.*
Repetere, ti- *rappeler,* répéter, répétition, répétiteur.
tum . . . . *redire* . .
Reprimere, *retenir,* réprimer, répression, répressif, *répres-*
pressum . . *arrêter.* . *sible.*
Restituere, *remettre,* restituer, restitution, restituable.
tutum . . . *rétablir.* .
Rumpere,ru- *briser,* . rompre, rompement, rupture, éruption,
ptum. . . . *fendre* . . éruptif, interruption, interrupteur,
interruption (avec la préposition INTER,
entre), irruption.
Scindere, . *diviser,* . scinder, scission, scissionnaire.
scissum . . *séparer.* .
Scribere, . *écrire* . . scribe (un), synonyme d'écrivain, Scribes (les),
scriptum. . décrire, description, descriptif, des-
cripteur, inscrire, inscription (avec
la préposition IN, sur), prescrire, cons-
crit, conscription, prescription, pres-
criptible (avec la préposition PRÆ, avant),
suscription.

Solvere, so- *délier,* solvable, solvabilité, solution, dissolu-
lutum ··· *payer* ·· tion, dissolutif, dissolvant, insolva-
ble, insolvabilité, soluble, solubilité,
insoluble, *insolublement.*
Spargere,. . *répandre* .asperger, aspersion, aspersoir.
sparsum ··
Statuere, tu- *établir.* . statuer, statut, constituer, constitution,
tum ···· constitutif, constitutionnel, constitu-
tionnellement, inconstitutionnel.
Struere,stru- *bâtir, dis-* structure , construire , construction,
ctum ···· *poser* ·· constructeur (avec la préposition CUM), détruire, destruction, destructeur, des-
tructif, instructeur, instructif, instruction, obstruer, obstruction, obs-
tructif (avec la préposition OB, devant), re-
construire, reconstruction, substruc-
tion (avec la préposition SUB, sous).
Subjicere , . *assujettir* .sujet, sujétion.
jectum ···
Subjungere, *joindre.* . subjonctif, subjuguer.
junctum ··
Submittere, *soumettre.*soumission, soumissionner, soumis-
missum ·· sionnaire.
Substituere, *substituer.*substitut, substitution.
tutum ···
Subtrahere, *ôter.* . . soustraction, soustraire.
tractum ··
Sumere ··· *prendre* . assumer.
Supponere , *supposer* .supposition, supposable, présupposer,
positum ·· présupposition (avec le mot PRÆ, avant).
Supprimere, *suppri-* suppression.
pressum ·· *mer.* ··
Tangere,tac- *toucher* . tangente (Voir le substantif TACTUS, tact).
tum ····
Tegere, tec- *couvrir,* protéger, protecteur, protection, pro-
tum ···· *garantir.* tectionniste, protectorat (avec la préposition PRO, devant).
Tradere, di- *donner, li-* tradition, traditionnel, traditionnelle-
tum ···· *vrer.* ·· ment, extrader, extradition (avec la préposition EXTRA, hors de).
Traducere, *amener,* traducteur, traduction, traduisible, in-
ductum ·· *traduire* . traduisible (avec IN privatif).
Trahere,trac- *tirer, trai-* traction, trait, traire, attraction, attrac-
tum ···· *ner.* ·· tif, attraits (les), attrayant, extraire,
extraction, extractif.
Tribuere,bu- *donner,* tribut, tributaire, attribuer, attribut,
tum ···· *accorder* . attribution, attributif.

Vendere, di- *vendre.* . vendeur, vendable, invendu,invendable
tum . . . . (avec IN privatif), revendu, revendeur, revendeuse.

Vertere, ver- *tourner* . vertige, vertigineux, *vertiginosité*, ver-
sum . . . . *changer* . sion, adversaire, adversité, adverse, adversatif, inversion, inverse, inversement, intervertir, interversion,pervers, perversité, pervertir, subvertir, subversion, subversif (avec la préposition SUB, sous), verso.

Vincere, vic- *vaincre.* . vaincu (un), vainqueur, invincible, in-
tum . . . . vinciblement, *invincibilité*, convaincre, conviction, convaincant (argument).

Volvere, vo- *rouler,* . évoluer, évolution, révolution, révolu-
lutum . . . *tourner.* tionnaire, révolutionner, revolver.

Verbes neutres

Affluere, flu- *couler.* . affluer, affluent, affluence,afflux (terme de
xum . . . . médecine).

Angere . . . *suffoquer* .angine, angineux, angoisse.

Burere. . . . *brûler.* . combustible, incombustible.

Cadere, ca- *tomber.* . cadence, cadencer, casuel,casuellement.
sum . . . .

Candescere . *s'enflam-* incandescent,incandescence (avec IN dans).
mer. . .

Cedere, ces- *arriver.* . précéder, précédent, précédemment(avec
sum . . . . la préposition PRÆ, avant), procéder, procession (avec la préposition PRO, avant).

Currere,cur- *courir.* . course, coursier, cursive (écriture),excur-
sum . . . . sion, *excursionniste*, incursion (avec la préposition IN, dans), précurseur (avec la préposition PRÆ, avant).

Decedere, *s'éloigner,* décéder, décès, prédécéder, prédéces-
cessum. . . *mourir.* . seur (avec la préposition PRÆ, avant).

Evadere,eva- *s'échap-* s'évader, évasion,évasif,évasive (réponse),
sum . . . .*per* . . . *évasivement.*

Fluere, flu- *couler* . . confluer,confluent (avec la préposition CUM),
xum . . . • flux, reflux, influer, influence (avec la préposition IN, dans), superflu,superfluité, (avec la préposition SUPER, par-dessus).

Fremere,mi- *murmu-* frémir, frémissement.
tum . . . .*rer* . . .

Fugere, gi- *fuir.* . . (Voir le substantif FUGA, fuite).
tum . . . .

Gemere, mi-tum	*soupirer* .	gémir, gémissement, Gémonies (1).
Incidere . . .	*tomber,* . *souvenir* .	incidence, incident, incidemment, coïn-cider, coïncidence.
Insistere, sti-tum	*continuer* .	insister, insistance.
Intercedere, cessum . . .	*interve-nir* . . .	intercéder, intercession, intercesseur.
Irrumpere, ruptum . .	*envahir* .	irruption, interrupteur, interruption, in-terrompre (avec la préposition INTER, entre).
Jacere	*être éten-du. . . .*	adjacent (avec la préposition AD, auprès).
Ludere, lu-sum	*jouer* . .	illusion, *illusionner,* illusoire, illusoire-rement.
Occurrere . .	*aller au-devant.* .	occurrence.
Pendere, pen-sum	*pendre,* . *être sus-pendu* . .	pendable (cas), pendant (d'oreilles), pendai-son, pendu (un), dépendre, dépens (vivres aux), propension, suspendre, suspens (être en), suspension, suspen-sif (appel), *terme de jurisprudence.*
Persistere . .	*persister* .	persistance.
Perspicere, pectum . .	*observer* .	perspective.
Resistere . .	*résister* . .	résistance, irrésistible (argument), irrésis-tiblement.
Sistere, sta-tum	*arrêter,* . *soutenir* .	assister, assistance.
Studere . . .	*s'appli-quer.* . .	étudier (Voir l'adjectif STUDIOSUS, studieux).
Subsistere, stitum . . .	*rester* . .	subsister, subsistance.
Succedere, cessum . . .	*s'élever,* *remplacer*	succès, succéder, successif, successive-ment, successeur, succession, succes-sible, successibilité.
Surgere, sur-rectum . . .	*se lever,* *se soule-ver* . . .	surgir, insurgé (un), s'insurger, insur-rection, insurrectionnel (mouvement), *in-surrectionnellement* (avec la préposition IN, dans).
Tribuere, bu-tum	*accorder* .	tribut, tributaire, attribuer, attribut, at-tribution, contribuer, contribuable, contribution, *contributif,* distribuer, distributif, distribution, distributeur, *distribuable,* rétribuer, rétribution.

QUATRIÈME CONJUGAISON

Verbes actifs

Latin	Français	Dérivés
Aperire, per-tum	*courir.*	. apéritif, apéritive (boisson).
Audire, di-tum	*écouter, entendre .*	audition, auditeur, auditoire, auditif (canal).
Erudire, di-tum	*instruire .*	érudit, érudition.
Ferire	*frapper .*	férule, férir (sans coup).
Finire, itum .	*borner, limiter..*	finir, définir, définissable, définition, dé-finitif, définitivement, indéfinissable (avec IN privatif).
Invenire, ventum ..	*trouver, découvrir.*	inventer, inventif (esprit), inventorier.
Lenire, ni-tum	*adoucir .*	lénitif (remède).
Mollire, li-tum	*amollir .*	amollissement, émollient (savon), ramol-lir, ramollissement.
Munire, itum.	*fortifier, défendre .*	munir, munition, munitionnaire, muni-tionner, démunir, prémunir (avec la préposition PRÆ, avant).
Nutrire, tri-tum	*nourrir..*	nutrition, nutritif.
Polire, litum .	*aplanir..*	polir, politesse, dépolir.
Præsentire , sensum ..	*prévoir..*	pressentir, pressentiment.
Punire, ni-tum	*châtier..*	punir, punition, punissable.
Reperire , pertum...	*trouver..*	repère, répertoire, répertorier.
Sancire, san-ctum	*confirmer.*	sanction, sanctionner.
Scire, scitum .	*savoir ..*	sciemment, insciemment (avec IN privatif).
Sentire, sen-sum	*sentir ..*	pressentir, pressentiment (avec la préposition PRÆ, avant), ressentir, ressentiment, (Voir le substantif SENSUS, sens).
Sepelire, pul-tum	*ensevelir .*	sépulture (Voir le substantif SEPULCRUM, sépulcre).

Verbes neutres

Latin	Français	Dérivés
Consentire, sensum , .	*acquies-cer ...*	consentir, consentement.

Convenire, ventum . . *se rassem-convenir, Convention (la). bler* . . .

Dormire, mitum . . . *dormir* . . dormeur, dormeuse, dormitif (remède), endormir, se rendormir.

Evenire, e-ventum . . *arriver, survenir* . éventualité, éventuel, éventuellement.

Pervenire . . *parvenir* . parvenu (un).

Servire, vitum . . . *servir* . . desservir. (Voir le substantif SERVUS, esclave).

Venire, ventum . . . *venir* . . prévenir, prévention, préventif, préventivement (avec la préposition PRÆ, avant), se souvenir, souvenance.

MOTS INVARIABLES

Ab . . . . . *de, hors de loin de* . aberration (avec le verbe ERRARE, errer, supin ERRATUM) ; abject, abjection (avec le verbe JACERE, jeter, supin JACTUM) ; abjurer, abjuration (avec le verbe JURARE, jurer, supin JURATUM) ; abluer, ablution (avec le verbe LUERE, laver) ; abnégation (avec le verbe NEGARE, nier, supin NEGATUM) ; abroger, abrogation (avec le verbe ROGARE, appeler, supin ROGATUM) ; absolu, absolutisme, absolutiste, absolutoire (avec le verbe SOLVERE, délier, supin SOLUTUM) ; absorber, absorption (avec le verbe SORBERE, avaler, supin SORPTUM) ; s'abstenir, abstention (avec le verbe TENERE, tenir, supin TENTUM) ; abstraire, abstraction, abstractif, abstractivement, abstrait, abstraitement (avec le verbe TRAHERE, tirer, supin TRACTUM) ; absoudre, absolution (avec le verbe SOLVERE, délier, supin SOLUTUM) ; absurde, absurdement, absurdité (avec l'adjectif SURDUS, sourd) ; abus, abuser, abusif (avec le substantif USUS, usage).

Ad . . . . . . *à, auprès, pour, contre* . . . adapter, adaptation (avec le verbe APTARE, rendre apte) ; adducteur, adduction (avec le verbe DUCERE, conduire, supin DUCTUM), (termes d'anatomie) ; adhérer, adhérence, adhérent, adhésif, adhésion (avec le verbe HÆRERE, être attaché, supin HÆSUM) ; adjacent (avec le verbe JACERE, être placé); adjuger, adjudication, adjudicataire, (avec le verbe JUDICARE, décider, supin JUDICATUM) ; admettre, admission, admissibilité (avec le verbe MITTERE, envoyer, supin MISSUM) ; administrer, administration, administrateur, administratif, *administrativement* (avec le verbe MINISTRARE, servir, supin MINISTRATUM) ; admonester, admonestation, admonition (avec le verbe MONERE, avertir, supin MONITUM) ; adopter, adoption, adoptif (avec le verbe OPTARE, choisir, supin OPTATUM) ; adorer, adoration, adorateur (avec le verbe ORARE, prier, supin ORATUM) ; adverbe, adverbial, adverbialement (avec le substantif VERBUM, verbe) ; adverse, adversaire, adversatif, adversité (avec l'adjectif VERSUS, tourné).

Antè . . . . *avant, devant.* . antécédent (avec le verbe CEDERE, aller); antédiluvien (avec le substantif DILUVIUM, déluge) ; antépénultième (avec les mots PENÉ, presque et ULTIMUS, dernier) ; antériorité, antérieur, antérieurement ; antichambre ; anticiper, anticipation; antidate, antidater.

Benè. . . . . *bien*. . . bénédiction, bénéfice, bénéficiaire, bénéficier; bénévole, bénévolement (avec le verbe VOLO, je veux).

Bis. , ... *deux fois.* bisaïeul ; bisannuel (avec le substantif ANNUS, année) ; biscornu (avec le substantif CORNU, corne) ; biscuit, bissac, bisser; bissection (avec le substantif SECTIO, coupure) ; bissexte, bissextile. (Voir page 46).

Circum . . *autour*. circumnavigation (avec le verbe NAVIGARE, naviguer, supin NAVIGATUM) ; circompolaire ; circonférence (avec le verbe FERRE, porter) ; circonflexe (avec le verbe FLECTERE, plier, courber, supin FLEXUM) ; circonlocution (avec le verbe LOQUI, parler); circonscrire, circonscription, (avec le

verbe SCRIBERE, tracer, décrire, supin SCRIP-
TUM ; circonspect, circonspection
(avec le verbe SPICERE, regarder) ; circonstance, circonstanciel ; circonvallation
(avec le substantif VALLUM, fortification) ; cir-
convenir, circonvention (avec le verbe
VENIRE, venir, supin VENTUM) ; circumvoi-
sin ; circonvolution (avec le verbe VOL-
VERE, tourner, supin VOLUTUM).

Contra . . . . *au con-* contradicteur, contradiction, contra-
traire, con- dictoire, contradictoirement ; contre-
trairement dire (avec le verbe DICERE, dire, supin DIC-
TUM) ; contraire, contrairement ; con-
trarier, contrariété, contraste ; con-
trevenir, contravention (avec le verbe VE-
NIRE, venir, supin VENTUM) ; contreban-
de , contrebandier ; contrefaire,
contrefaçon, contrefacteur (avec le verbe
FACERE, faire, supin FACTUM) ; contre-
mander ; contresens, contretemps ;
contrevent (avec le substantif VENTUS,
vent) ; contrevallation (avec le substantif
VALLUM, retranchement).

Cum . . . . . *avec* . . . compétiteur, compétition (avec le verbe
PETERE, demander, supin PETITUM) ; con-
centrer, concentration, concentrique,
(avec le substantif CENTRUM, centre) ; con-
comitance (avec le verbe COMITARI, accom-
pagner) ; concorde, concordance, concorder, concordat ; concours, concou-
rir, concurrent (avec le verbe CURRERE,
courir) ; condisciple (avec le substantif DIS-
CIPULUS, disciple) ; confection, confectionner ; confédéré, confédération, con-
fératif (avec le substantif FOEDUS, gén. FOE-
DERIS, alliance) ; configuration (avec
le substantif FIGURA, figure) ; confirmer,
confirmation, confirmatif (avec le verbe
FIRMARE, affirmer) ; conflagration (avec
le verbe FLAGARE, brûler, supin FLAGRATUM) ;
confluer, confluent (avec le verbe FLUE-
RE, couler) ; congénère (avec le substantif
GENUS, espèce, gén. GENERIS) ; conges-
tion, congestionner (avec le verbe GERERE,
apporter, supin GESTUM) ; conjurer, conjuration (avec le verbe JURARE, jurer, supin
JURATUM) ; consanguin, consangui-

nité (avec le substantif SANGUIS, sang); consigne, consignation, consigner (avec le substantif SIGNUM, signe, marque); consonne, consonnance (avec le verbe SONARE, résonner); constellation (avec le substantif STELLA, étoile); construire, construction, constructeur (avec le verbe STRUERE, bâtir, élever, supin STRUCTUM); consubstantiel (avec le mot SUBSTANTIA, substance); contact (avec le substantif TACTUS, toucher); contexture (avec le substantif TEXTUS, tissu); contorsion (avec l'adjectif TORTUS, tordu).

Ex. . . . . *de, hors de* . . . . exalter, exaltation (avec le verbe ALTARE, élever); excéder (avec le verbe CEDERE, aller); excentricité, excentrique (avec le substantif CENTRUM, centre); exclamer, exclamation (avec le verbe CLAMARE, crier); excuse, excuser (avec le substantif CAUSA, cause); exhaler, exhalation (avec le verbe HALARE, souffler); exhumer, exhumation (avec le substantif HUMUS, terre); exonérer, exonération (avec le verbe ONERARE, charger); expatrier, expatriation, (avec le substantif PATRIA (patrie); expectorer, expectoration (avec le substantif PECTUS, gén. PECTORIS, poitrine); exportation, exporter (avec le verbe PORTARE, porter, supin PORTATUM); exposer, exposition (avec le verbe PONERE, placer, supin POSITUM); expulser, expulsion (avec le verbe PELLERE, pousser, supin PULSUM); extraire, extraction (avec le verbe TRAHERE, tirer, supin TRACTUM); extrader, extradition (avec le verbe TRADERE, livrer, supin TRADITUM).

Extra. . . . . *au dehors.* extrajudiciaire (avec le substantif JUDICIUM, jugement); extraordinaire, extraordinairement (avec le substantif ORDO, gén. ORDINIS, ordre); extravagance, extravaguer (avec le verbe VAGARI, errer); extravaser, extravasion (avec le substantif VAS, gén. VASIS, vase).

In. . . . . *en, dans, sur, contre* immerger, immersion (avec le verbe MERGERE, plonger, supin MERSUM); immigrer, immigration (avec le verbe MIGRARE, changer de demeure, supin MIGRATUM); immiscer, immixtion (avec le verbe MIS-

CERE, mêler, supin MIXTUM) ; importer, importation (avec le verbe PORTARE, porter, supin PORTATUM) ; imposer, imposition (avec le verbe PONERE, placer, supin POSITUM);imprécation (avec le verbe PRECARI, prier) ; imprimer, imprimerie, imprimeur, impression (avec le verbe PREMERE, presser, supin PRESSUM) ; incamérer, incamération (avec le substantif CAMERA, chambre); incarcérer, incarcération (avec le substantif CARCER, gén. CARCERIS, prison) ; incinérer, incinération (avec le substantif CINIS, gén. CINERIS, cendre); inclus, inclusivement (avec le participe CLUSUS enfermé) ; incruster, incrustation (avec le substantif CRUSTA, écorce, enveloppe) ; inculper, inculpation (avec le substantif CULPA, faute).

Inter. . . . . . *entre, par-* intercadence (avec le verbe CADERE, tomber), *mi* . . . (terme de médecine) ; intercaler , intercalaire (jour) ; intercéder, intercession avec le verbe CEDERE, fléchir, supin CESSUM); intercepter (avec le verbe CAPERE, prendre) ; interdit (un), interdire, interdiction (avec le verbe DICERE, dire, supin DICTUM) ; interférence (terme de physique) (avec le verbe FERRE, porter) ; interfolier (avec le substantif FOLIUM, feuille) ; interjection (avec le verbe JACERE, jeter, supin JACTUM) ; interligne, interlinéaire (avec le substantif LINEA, ligne) ; interlocuteur, interlocution, interloquer (avec le verbe LOQUI, parler) ; interlope ; intermaxillaire (avec le mot MAXILLA, mâchoire), (terme d'anatomie) ; intermède, intermédiaire (avec le mot MEDIUS, milieu) ; intermission (terme de médecine) ; intermittence, intermittente (fièvre) ; intermusculaire (terme d'anatomie) ; interposer, interposition (avec le verbe PONERE, placer, supin POSITUM) ; interrègne (avec le substantif REGNUM, règne, royaume) ; interrogateur, interrogation, interrogatif (avec le verbe ROGARE, demander) ; interrompre, interrupteur, interruption (avec le verbe RUMPERE, rompre, supin RUPTUM) ; intersection (avec le substantif SECTIO, coupure) ; interstice, intervalle (avec le substantif VAL-LUM, espace) ; intervenir, intervention (avec le verbe VENIRE, venir, supin VENTUM) ; intervertir, interversion (avec le verbe VERTERE, tourner, supin VER-SUM).

Juxta . . . . . *auprès.* . juxtalinéaire (traduction), (avec le substantif LINEA, ligne) ; juxtaposer, juxtaposition (avec le verbe PONERE, placer, supin PO-SITUM).

Penè . . . . . . *presque.* . péninsule (avec le substantif INSULA, île) ; pénombre (avec le substantif UMBRA, ombre) ; pénultième (avec l'adjectif ULTIMUS, dernier).

Præ . . . . . . *avant, de-vant . . .* précaution, précautionner (avec le verbe CAVERE, prendre garde, supin CAUTUM) ; précéder, précédent (avec le verbe CEDERE, aller, marcher) ; prédestiner, prédestination ; prédominer, prédominance (avec le verbe DOMINARI, dominer) ; prélegs, préléguer, (termes de jurisprudence) ; prélever, prélèvement préliminaire avec le subst. (LIMEN, entrée) ; prématuré, prématurité (avec l'adjectif MATURUS, opportun, mûr) ; préméditer, préméditation (avec le verbe MEDITARI, méditer, préparer) ; prénom, prénommer (avec le substantif NOMEN, nom) ; préoccuper, préoccupation ; préopiner (avec le verbe OPINARI, penser, juger) ; préposer, préposition, prépositif (avec le verbe PONERE, placer, supin POSITUM) ; prépondérance (avec le substantif PONDUS, gén. PONDERIS, poids) ; présage, présager ; prescience (avec le substantif SCIENTIA, science) ; préséance ; pressentir, pressentiment (avec le verbe SENTIRE, sentir) ; préserver, préservation, préservatif (avec le verbe SERVARE, garder, supin SERVATUM) ; présupposer, présupposition (avec le verbe SUPPONERE, supposer, supin SUPPOSITUM).

Post . . . . . . *après . . .* postdater ; postface ; posthume (avec le substantif HUMUS, terre) ; post-scriptum (avec le mot SCRIPTUM, signifiant ÉCRIT).

Pro . . . . *pour, à la place de,* procéder, processif, procession (avec le verbe CEDERE, marcher, supin CESSUM) ; procla-

en avant de		mer, proclamation (avec le verbe CLAMARE, crier, publier, supin CLAMATUM); proconsul, proconsulat; procuration, procurer, procureur (avec le verbe CURARE, avoir soin); proéminence, proéminent (avec le participe présent EMINENS, du verbe EMINERE, surpasser); profane, profaner, profanateur, profanation (avec le substantif FANUM, temple); progression, progresser, progressif, progressivement (avec le substantif GRESSUS, pas); projet, projeter; prologue (avec le substantif grec λογος, logos, discours); promettre, promesse (avec le verbe MITTERE, mettre, supin MISSUM); pronom, pronominal (avec le substantif NOMEN, nom); pronostic, pronostiquer (avec le verbe grec γιγνωσκειν, guignôskéin, connaître); propulsion, propulseur (avec le verbe PELLERE, repousser, supin PULSUM); proscrire, proscription (avec le verbe SCRIBERE, écrire, supin SCRIPTUM); prospectus, (synonyme de PROGRAMME); prosterner, prosternation, prosternement (avec le verbe STERNERE, étendre, renverser, supin STRATUM); protéger, protecteur, protection (avec le verbe TEGERE, couvrir, supin TECTUM); protester, protestant, protestantisme, protestation; protubérance (avec le substantif TUBER, bosse); provenir, provenance (avec le verbe VENIRE, venir); proverbe, proverbial (avec le substantif VERBUM, mot); providence, providentiel (avec le verbe VIDERE, voir); provocation, provocateur, provoquer (avec le verbe VOCARE, appeler, supin VOCATUM).
Retro	*en arrière.*	rétroactif, rétroactivité, rétroaction, *rétroagir* (avec le verbe AGERE, agir, supin ACTUM); rétrocéder, rétrocession, *rétrocessif* (avec le verbe CEDERE, marcher, supin CESSUM); rétrograde (idée), rétrograder, rétrogradation (avec le verbe GRADI, marcher); rétrospectif, *rétrospectivement* (avec le verbe SPICERE, regarder).
Satis	*assez*	satisfaire, satisfaction (avec le verbe FACERE, faire, supin FACTUM); satisfecit veut dire billet de satisfaction.

Simul . . . . *ensemble.* simultané (enseignement), simultanéité, simultanément.

Sub. . . . . . *sous.* . . subalterne (avec l'adjectif ALTER, autre) ; subdélégué, subdélégation (avec le mot LEGATUS, envoyé) ; subdiviser, subdivision (avec le verbe DIVIDERE, diviser, supin DIVISUM) ; subjuguer (avec le substantif JUGUM, joug) ; submerger, submersion (avec le verbe MERGERE, plonger, supin MERSUM) ; subordination, subordonner (avec le substantif ORDO, gén. ORDINIS, ordre) ; subséquent, subséquemment (avec le verbe SEQUI, suivre) ; substituer, substitut, substitution (avec le verbe STATUERE, établir supin STATUTUM) ; subvenir, subvention, subventionner (avec le verbe VENIRE, venir, supin VENTUM) ; subvertir, subversion, subversif (avec le verbe VERTERE, tourner, supin VERSUM).

Super . . . . *sur, au-dessus de.* supercherie ; superfétation ; superficie, superficiel, superficiellement ; superfin ; superflu, superfluité (avec le verbe FLUERE, couler) ; supérieur, supérieurement, supériorité, superlatif, superlativement ; superposer, superposition (avec le verbe PONERE, placer, supin POSITUM) ; superstitieux, superstitieusement, superstition.

Trans . . . . *au-delà.* transborder, transbordement ; transcendant, transcendance (avec le verbe SCANDERE, monter) ; transcrire, transcription (avec le verbe SCRIBERE, écrire, supin SCRIPTUM) ; transfert, transférer (avec le verbe FERRE, porter) ; transfigurer, transfiguration (avec le substantif FIGURA, figure) ; transformer, transformation (avec le verbe FORMARE, former, supin FORMATUM) ; transfuge (avec le verbe FUGERE, fuir) ; transgresser, transgression (avec le verbe GRADI, marcher) ; transiger, transaction (avec le verbe AGERE, agir, supin ACTUM) ; transit, transition, transitoire (avec le verbe IRE, aller, supin ITUM) ; translater, translation (avec le verbe FERRE, porter, supin LATUM) ; transmettre, transmission, transmissible (avec le verbe MITTERE, envoyer, supin MISSUM) ;

transmigration (avec le verbe **MIGRARE**, émigrer, supin **MIGRATUM**) ; transmuer, transmutation, transmutabilité (avec le verbe **MUTARE**, changer, supin **MUTATUM**) ; transparent, transparence (avec le verbe **PARERE**, paraître) ; transpercer ; transpirer, transpiration (avec le verbe **SPIRARE**, souffler, exhaler, supin **SPIRATUM**) ; transplanter, transplantation (avec le verbe **PLANTARE**, planter, supin **PLANTATUM**) ; transport, transporter, transportation, transportable (avec le verbe **PORTARE**, porter, supin **PORTATUM**) ; transposer, transposition (avec le verbe **PONERE**, placer, supin **POSITUM**) ; transvaser, transvasement (avec le mot **VAS**, gén. **VASIS**, vase).

Ubique. . . . *partout* . ubiquiste, ubiquité, ubiquitaire.

Ultra. . . . . *au-delà de* ultramontain, ultramontanisme (avec le substantif **MONS**, montagne).

SUPPLÉMENT AUX SUBSTANTIFS

Additions.

PREMIÈRE DÉCLINAISON

Barba. . . . *barbe* . . barbu, imberbe (avec **IN** négatif, **SANS**).

Cera . . . . . *cire* . . . cirage, cirer, cirier.

Forma. . . . *forme* . . conformité, conformément (avec la préposition **CUM**) ; déformer, déformation.

Lana. . . . . *laine*. . . lanice (bourre) ; lanifère (avec le verbe **FERRE** porter) ; lanigère (avec le verbe **GERERE**, porter).

Lancea. . . *lance*. . . lancer, lancette, lancier, relancer.

Machina. . . *machine* . machinisme, machinal, machinalement.

Nauta . . . . *matelot*. . aéronaute (avec le substantif **AER**, air).

Nota. . . . . *marque* . note, nota, notable, notabilité.

Penuria . . . *disette* . . pénurie.

Persona . . . *masque de théâtre*. . *rôle*. . . personne, personnage, personnel, personnellement, personnifier, personnification.

Petra . . . . *pierre* . . salpêtre, salpêtrier, salpêtrière, la Salpêtrière (hospice de), (avec le mot **SAL**, sel).

Planeta . . . *planète*. . planétaire (système).
Pœnitentia. . *repentir,* pénitence, pénitencier, pénitentiaire, *regret* . . impénitence (avec IN négatif).
Querela . . . *plainte* . . querelle, quereller, querelleur.
Reverentia . *respect,* révérence, révérencieux, irrévérence, *déférence.* irrévérencieux.
Rota . . . . . *roue* . . . rotation, rotateur (muscle), *rotatif,* rotatoire, rotule.
Scientia . . . *science* . . prescience (avec la préposition PRÆ, avant).
Sella . . . . . *siége* . . . selle, seller, sellerie, sellette, sellier, deseller.
Sica . . . . . *poignard.* sicaire.
Spira . . . . . *tour* . . . spirale.
Spongia . . . *éponge* . . spongieux. spongite, éponger.
Stilla . . . . . *goutte* . . distiller, distillateur, distillation, distillatoire, *distillable,* distillerie, instiller, instillation (avec la préposition IN, dans).
Temperantia *sobriété* . tempérant, tempérance, intempérant, intempérance (avec IN négatif).

DEUXIÈME DÉCLINAISON

Globus . . . . *boule* . . globuleux, globulaire. (Voir page 17).
Humus . . . . *terre vé-* exhumer, exhumation (avec la préposition *gétale* . . EX, hors de) ; inhumer, inhumation (avec la préposition IN, dans).
Locus . . . . *lieu* . . . disloquer, dislocation. (Voir page 17).
Malleus . . . *marteau* . malléable, malléabilité, maillet.
Medicus . . . *médecin* . médical (art). (Voir page 17).
Numerus . . . *nombre* . énumération, énumératif, énumérer.
Radius . . . . *rayon* . . radier, radieux, radieusement.
Ramus . . . . *rameau* . rameux, ramification, ramifier, ramilles, ramure.
Rivus . . . . *ruisseau* . riverain, rivière, dérivation, dériver, dérive (aller à la).
Terminus . . *terme* . . terminal, terminaison, *terminatif,* terminer, terminologie (avec le substantif grec λoγoς, LOGOS, traité).
Truncus . . . *tronc* . . . tronçon, tronquer.
Tubus . . . . *tuyau* . . tube, tubuleux, tubulaire.
Vulgus . . . . *peuple* . . vulgaire, vulgairement, vulgarisation, vulgariser, vulgarité.

Augurium . . *présage* . . augure, augurer.
Collum . . . . *cou* . . . torticolis (avec l'adjectif TORTUS, tordu).
Commercium *commerce* . commercer, commerçant, commercial.
Corium . . . . *cuir* . . . coriace; cuirasse, cuirasser, cuirassier;
        excorier, excoriation (avec la préposition
        EX, hors de).
Fastidium . . *dégoût* . . fastidieux, fastidieusement.
Jugum . . . *joug* . . . subjuguer (avec la préposition SUB, sous).
Lignum . . . *bois* . . . ligneux, lignité, *lignivore*.
Lucrum . . . *gain* . . . lucre, lucratif, *lucrativement*.
Monstrum . . *monstre* . monstrueux, monstrueusement, mons-
        truosité.
Oleum . . . *huile* . . oléagineux, oléine, oléique.
Pactum . . . *accord* , pacte, pactiser.
Plumbum . . *plomb* . . plomber, plomberie, plombier, plom-
        bage, plombagine.
Pomum . . . *fruit* . . . pomme, pommade, pommader, pom-
        meau, pommer, pommeraie, pom-
        mette, *pomologie*, Pomone (la déesse).
Prodigium . . *prodige* . . prodigieux, prodigieusement.
Receptacu- *retraite* . réceptacle.
  lum . . . . .
Saxum . . . *pierre* . . saxatile. (Voir page 21).
Silentium . . *silence* . . silencieux, silencieusement.
Spatium . . . *espace* . . spacieux, spacieusement, espacer.
Tergum . . . *dos* . . . tergiverser, tergiversation, *tergiversa-*
        teur (avec le verbe VERTERE, tourner, supin
        VERSUM).
Verbum . . . *mot* . . . adverbe, adverbial, adverbialement, *pro-*
        cès-verbal, verbiage. (Voir page 21).

TROISIÈME DÉCLINAISON

Carbo . . . . *charbon* . charbonner, charbonnage. (Voir page 22).
Caritas . . . . *affection* . charité, charitable, charitablement.
Caro . . . . . *chair* . . acharnement, s'acharner. (Voir page 22).
Clavis . . . *clé* . . . conclave (avec la préposition CUM).
Dux, ducis . . *chef* . . . duc, archiduc.
Finis . . . . . *fin* . . . affiner, affinage, affinerie, affineur, raf-
        finer, raffinerie, raffineur, surfin.
Flos . . . . . *fleur* . . effleurer. (Voir page 23).
Leo . . . . . . *lion* . . . léopard. (Voir page 24).
Mors . . . . . *mort* . . amortir, amortissement, amortissable.
Navis . . . . *vaisseau* . naval (combat). (Voir page 25).
Nux, nucis . . *noix* . . . nougat.
Occidens, en- *occident* . occidental.
  tis . . . . .

Ordo, dinis . . *ordre* . . . extraordinaire, extraordinairement (avec la préposition EXTRA, hors de).

Odor . . . . . *odeur* . . inodore (avec IN privatif).

Palus, ludis . *marais* . . paludéen, paludéenne (fièvre, habitation).

Rigor . . . . . *raideur*, . rigorisme, rigoriste, rigueur, rigou- *dureté* . . reux, rigoureusement.

Serpens, en- tis . . . . *serpent* . . serpenter, serpenteau, serpentaire, ser- pentin, serpentine,

Silex, licis . . *caillou* . . silex, silice, siliceux, silicium, silicate.

Sors, sortis . . *sort* . . . assortir, assortiment. (Voir page 27).

Stirps, stir- pis . . . . *souche* . . extirper, extirpation (avec la préposition EX, de).

Virtus, tutis . *vertu* . . virtuel, virtuellement. (Voir page 27).

Crimen, mi- nis . . . . . *crime* . . criminel, criminellement, criminaliser, *faute*. . criminaliste, criminalité, incriminer, *accusation* incriminable, incrimination (terme de jurisprudence); récriminer, récrimination.

Genus, neris . *race* . . . régénérer, régénérateur, régénération; dégénérescence. (Voir page 28).

Jus, juris . . . *droit* . . conjuré, conjuration (Voir page 29).

Limen, minis . *seuil, en-* éliminer, élimination (avec la préposition È, *trée* . . . de;) préliminaire (avec le mot PRÆ, avant).

Murmur . . . *murmure* . murmurer, *murmurateur* (peuple).

Robur, boris . *force* . . . corroborer, corroboration, corroboratif (avec le substantif COR, cœur).

Rus, ruris . . *campagne* . rustre, rustique, rustiquer. (Voir page 29).

Semen, inis . *semence* . séminaire, séminariste, séminal (idem).

Tuber . . . . *bosse,* tubercule, tuberculeux, protubérance *grosseur* . (avec la préposition PRO, en avant).

Vas, vasis . . *vase* . . . extravaser, extravasion (avec la préposition EXTRA, hors de).

QUATRIÈME DÉCLINAISON

Effectus . . . *effet* . . . effectif, effectivement, effectuer.

Luxus . . . . *luxe* . . . luxueux, luxueusement.

Progressus . *progrès,* . progression, progressif, progressive- ment, *progresser, progressiste.*

Successus . . *succès* . . insuccès (avec IN négatif.

Tactus . . . . *le toucher*. tact, tactile, tactilité, contact (avec la préposition CUM).

Tumultus . . *désordre*, tumulte, tumultueux, tumultueusement, *trouble*. . tumultuaire, tumultuairement.

Usus . . . . *usage* . . abus, abuser, abusif, abusivement (avec la préposition AB, contre), désabuser, usure.

CINQUIÈME DÉCLINAISON

Dies. . . . *jour*. . . diurne (autrefois on disait DJOURNOUS) ; midi (avec l'adjectif MEDIUS, milieu) ; lundi (pour LUNÆ DIES, jour de la lune) ; mardi (pour MARTIS DIES, jour de Mars) ; mercredi (pour MERCURII DIES, jour de Mercure) ; jeudi (pour JOVIS DIES, jour de Jupiter) ; (anciennement on a dit JOVEDI et JOEUDI) ; vendredi (pour VENERIS DIES, jour de Vénus) ; samedi (pour SATURNI DIES, jour de Saturne ou SABBATI DIES jour du SABBAT) ; dimanche (pour DIES DOMINICA, jour du Seigneur), (on a dit d'abord didominic, puis didminic, didmenc, dimenche et enfin dimanche).

Glacies. . . *glace*. . verglas.

MODÈLES D'EXERCICES

Le mot *laboureur* se dit en latin *agricola*.

De la racine de ce mot *agricol* (*en changeant l'o en u*), on a formé trois mots français. Quels sont-ils ? Donner la définition ?

Les mots *respiration, souffle* se disent *anima ?* De la racine de ce mot *anim*, on a formé cinq dérivés. Quels sont-ils ? Les définir ?

Le mot *eau, aqua* a servi à former sept mots. Quels sont-ils ? En donner la définition ?

OBSERVATION. — *Imposer le même travail pour les autres mots, en ayant soin de préciser à l'élève le nombre de dérivés formés par chacun de ces mots et de lui faire, comme plus haut, les remarques préliminaires nécessaires pour lui faciliter les recherches.*

Le mot *chèvre*, *capra*, a formé dix dérivés ; mais pour trouver cinq d'entre eux, il faut changer la lettre *p* en un *b*, comme dans le mot *cabri*, par exemple. Quels sont donc ces mots ? En donner la définition ?

Le mot *soin*, *cura*, a servi à former une vingtaine de mots ; mais, pour trouver quelques-uns de ces mots, il faut les faire précéder de certaines prépositions comme *in* négatif qui signifie *non*, *pro*, *pour* et *sinè*, sans. Quels sont ces dérivés ? Les définir ?

Après cette recherche par l'élève des mots français dérivés du latin, et afin de se rendre compte s'il a bien saisi la signification et la portée des mots qu'il vient de trouver, on peut l'inviter à construire de petites phrases où se trouve compris l'un de ces mots, comme :

Le laboureur fait les travaux *agricoles*.
L'*agriculture* est la nourrice du pays.

L'*âme* donne la vie au corps.
Ne pas mettre au jeu trop d'*animation*.

La peinture à l'*aquarelle* est originaire d'Italie.
On appelle *aquarelliste* celui qui l'exécute.
On fait maintenant des *aquariums* immenses.
Le cygne est un animal *aquatique*.
La poire et la pomme sont des fruits *aqueux*.
Un *aqueduc* sert à conduire les eaux.

La chèvre est un animal très-*capricieux*.
Son petit s'appelle *cabri* ; il fait sans cesse des *cabrioles*.

La maison d'un curé se nomme une *cure*.
Un médecin cherche à faire de bonnes *cures*.
On appelle *sinécure* un emploi inutile.

Nota. — *Il faut s'attacher le plus possible à prendre comme sujets de devoirs les mots latins qui ont servi à former le plus grand nombre de mots français et qui peuvent amener à des explications intéressantes.*

NOMS PROPRES

Auguste (Augustus) signifie *grand*.

Boniface (Bonifacius) est composé de l'adjectif *bonus*, bon et du substantif *facies*, visage.

Brutus signifie *lourd*.

Capitole vient du substantif *caput*, tête.

Cécile (Cœcilia), vient de l'adjectif *cæcus*, aveugle.

Célestin ⎫ viennent du subs-
Célestine ⎭ tantif *cœlum*, ciel.

Charles (Carolus) a servi à former le mot suivant.

Charlemagne est composé du mot *Carolus*, Charles et de l'adjectif *magnus*, grand.

Cicéron vient du substantif *cicer*, qui signifie *pois, chiche*.

Claude vient de l'adjectif *claudus*, boiteux.

Constantin vient du substantif *constantia*, constance.

Désiré ⎫ viennent du substan-
Didier ⎭ tif *desiderium*, désir.

Dominique (Dominicus) signifie *qui appartient au maître*.

Domitien signifie vainqueur et vient du verbe *domitare*, vaincre.

Estelle vient de *stella*, étoile.

Félix, Félicie ⎫ sont formés
Félicien ⎬ de l'adjectif *fé-*
Félicienne ⎭ *lix*, heureux.

Flore, Florian, ⎫ sont formés
Florimond ⎬ du substantif
Florine ⎭ *flos*, gén. *floris*, fleur.

Fortuné provient du substantif *fortuna*, fortune.

Gallus, Gaulois, signifie *coq*.

Honoré vient de *honor*, honneur.

Janus vient du substantif *janua*, porte.

Jules, Julien ⎫ viennent de
Julia, Juliette ⎬ *Julius*, surnom
⎭ de *César*.

Juvénal signifie *jeune homme* et vient de l'adjectif *juvénis*.

Laure vient du substantif *laurus*, laurier.

Lefèbvre vient de *faber*, ouvrier.

Léon. ⎫ signifient nés ou nées
Léonie ⎬ d'un lion.
Léonide ⎭

Marguerite vient du substantif *margarita*, perle.

Maxime ⎫ proviennent de
Maximin ⎬ l'adjectif *maxi-*
Maximilien ⎭ *mus*, très-grand.

Mentor a été formé du substantif *mens*, gén. *mentis*, esprit.

Octave ⎫ d'*Octavius* qui signi-
Octavie ⎭ fie *huitième*.

Olympe d'*Olympus*, *ciel*, ou *séjour des dieux*.

Patrice (Patricius), est dérivé du substantif *pater*, père.

Placide vient de l'adjectif *placidus*, tranquille.

Pomone du substantif *pomum*, fruit.

Prudence vient de *prudentia*, prévoyance.

Scipion (Scipio) veut dire *bâton*.

Sylvain ⎫ viennent du subs-
Sylvie ⎭ tantif *sylva*, forêt.

Tacite (Tacitus) signifie *paisible*.

Urbain du mot *urbanus*, qui provient du substantif *urbs*, ville.

Victor, ⎫ viennent du mot
Victorin ⎬ *victor*, vainqueur.
Victorine. ⎭

TABLE DES MOTS

A

B

C

D

E

F

G

H

I

J

L

Lampion	24	Légitime	24	Liquidation	36
Lampiste	24	Légitimation	24	Liquider	36
Lance	80	Légitimer	24	Litige	24
Lancier	80	Legs	24	Littéraire	13
Langue	13	Légume	29	Littérateur	13
Lanière	50	Lénifier	44	Littérature	13
Lanigère	80	Lénitif	44, 71	Littoral	17
Lapidaire	24	Léser	65	Localité	29
Lapider	24	Lésion	65	Local	17
Larron	24	Lettre	13	Locataire	17
Las	36	Libation	50	Location	17
Lasser	36	Libéral	41-45	Locomotion	17
Lassitude	36	Libéralité	41-45	Locomotive	17
Latéral	29	Libération	41-50	Long	36
Latitude	36	Libérer	41	Longévité	36
Laudatif	50	Liberté	41	Longitude	36
Lavabo	50	Libraire	17	Longueur	36
Laver	50	Librairie	17	Loquacité	42
Lavis	50	Libre	41	Lotion	50
Lavoir	50	Ligament	50	Lucarne	24
Laxatif	50	Ligature	50	Lucide	24
Légal	24	Ligneux	82	Lucidité	24
Légalité	24	Lignite	82	Lucre	82
Légat	17	Linéaire	13	Lucratif	82
Légataire	17	Linéament	13	Luminaire	29
Légation	17	Lingual	13	Lumineux	29
Légion	24	Linguistique	13	Lundi	14, 84
Législateur	24	Liquéfaction	65	Lune	14
Législatif	24	Liquéfier	65	Lunaire	14
Législature	24	Liquide	36	Lunatique	14
Légiste	24				

M

Macération	50	Magnanime	36	Maladresse	36
Macérer	50	Magnanimité	36	Maladroit	36
Machine	14-80	Magnificence	36	Malédiction	36
Machinal	80	Magnifique	36	Maléfice	36
Machination	14	Maillet	81	Malencontreux	36
Machiner	14	Main	31	Malentendu	36
Machinisme	80	Major	42	Malfaiteur	36
Maculature	14	Majordome	42	Malhonnête	36
Maculer	14	Majorité	42	Malhonnêteté	36
Magistral	17	Mal	36	Malice	36
Magistrat	31	Malade	36	Malin	36
Magistrature	31	Maladie	36	Malingre	36

<table>
<tr><td>Malléable</td><td>81</td><td>Médiocrité</td><td>37, 45</td><td>Modèle</td><td>17</td></tr>
<tr><td>Malpropre</td><td>36</td><td>Medium</td><td>37</td><td>Modeler</td><td>17</td></tr>
<tr><td>Malpropreté</td><td>36</td><td>Mémoire</td><td>14</td><td>Modération</td><td>37</td></tr>
<tr><td>Malsain</td><td>36</td><td>Mémorable</td><td>50</td><td>Modéré</td><td>37</td></tr>
<tr><td>Maltraiter</td><td>36</td><td>Mémorandum</td><td>50</td><td>Modeste</td><td>37</td></tr>
<tr><td>Malveillance</td><td>36</td><td>Mémorial</td><td>14</td><td>Modestie</td><td>37</td></tr>
<tr><td>Malveillant</td><td>36</td><td>Mensuel</td><td>24</td><td>Modification</td><td>17</td></tr>
<tr><td>Mandat</td><td>50</td><td>Mental</td><td>24</td><td>Modifier</td><td>17</td></tr>
<tr><td>Mandataire</td><td>50</td><td>Mercantile</td><td>24</td><td>Modique</td><td>37</td></tr>
<tr><td>Manège</td><td>31</td><td>Mercenaire</td><td>24</td><td>Modiste</td><td>17</td></tr>
<tr><td>Manier</td><td>31</td><td>Mercerie</td><td>24</td><td>Modulation</td><td>17</td></tr>
<tr><td>Maniable</td><td>31</td><td>Mercier</td><td>24</td><td>Module</td><td>17</td></tr>
<tr><td>Manifeste</td><td>36</td><td>Mercredi</td><td>32, 84</td><td>Mœurs</td><td>25</td></tr>
<tr><td>Manifester</td><td>36</td><td>Mérite</td><td>57</td><td>Molécule</td><td>25</td></tr>
<tr><td>Manipulation</td><td>31</td><td>Mériter</td><td>57</td><td>Molester</td><td>37</td></tr>
<tr><td>Manipuler</td><td>31</td><td>Méritoire</td><td>57</td><td>Mollesse</td><td>45</td></tr>
<tr><td>Manivelle</td><td>31</td><td>Métal</td><td>20</td><td>Mollusque</td><td>45</td></tr>
<tr><td>Manœuvre</td><td>31</td><td>Métallique</td><td>20</td><td>Monde</td><td>17</td></tr>
<tr><td>Manufacture</td><td>31</td><td>Métalloïde</td><td>20</td><td>Mondain</td><td>17</td></tr>
<tr><td>Manuscrit</td><td>31</td><td>Métallurgie</td><td>20</td><td>Moniteur</td><td>57</td></tr>
<tr><td>Mappemonde</td><td>14</td><td>Méticuleux</td><td>31</td><td>Monocle</td><td>17</td></tr>
<tr><td>Marais</td><td>29</td><td>Milice</td><td>24</td><td>Monstre</td><td>81</td></tr>
<tr><td>Mardi</td><td>32,84</td><td>Milicien</td><td>24</td><td>Monstrueux</td><td>81</td></tr>
<tr><td>Marécage</td><td>29</td><td>Militaire</td><td>24</td><td>Mont</td><td>25</td></tr>
<tr><td>Marée</td><td>29</td><td>Mille</td><td>46</td><td>Montagnard</td><td>25</td></tr>
<tr><td>Marin</td><td>29</td><td>Millésime</td><td>46</td><td>Monticule</td><td>25</td></tr>
<tr><td>Marine</td><td>29</td><td>Mineur</td><td>42</td><td>Montrer</td><td>50</td></tr>
<tr><td>Marmoréen</td><td>29</td><td>Minime</td><td>37</td><td>Monument</td><td>20</td></tr>
<tr><td>Matérialisme</td><td>14</td><td>Minimum</td><td>37</td><td>Monumental</td><td>20</td></tr>
<tr><td>Matérialiste</td><td>14</td><td>Ministre</td><td>17</td><td>Moral</td><td>25</td></tr>
<tr><td>Matériel</td><td>14</td><td>Ministère</td><td>17</td><td>Moraliser</td><td>25</td></tr>
<tr><td>Maternel</td><td>24</td><td>Ministériel</td><td>17</td><td>Moraliste</td><td>25</td></tr>
<tr><td>Maternité</td><td>24</td><td>Minorité</td><td>42</td><td>Moralité</td><td>25</td></tr>
<tr><td>Matière</td><td>14</td><td>Misère</td><td>41</td><td>Morbide</td><td>17</td></tr>
<tr><td>Matrone</td><td>24</td><td>Misérable</td><td>41</td><td>Morbifique</td><td>17</td></tr>
<tr><td>Maturité</td><td>36</td><td>Miséricorde</td><td>42</td><td>Mordre</td><td>57</td></tr>
<tr><td>Maxillaire</td><td>14</td><td>Mission</td><td>65</td><td>Morsure</td><td>57</td></tr>
<tr><td>Maximum</td><td>37</td><td>Missive</td><td>65</td><td>Mort</td><td>25</td></tr>
<tr><td>Médecin</td><td>17</td><td>Mitiger</td><td>45, 50</td><td>Mortel</td><td>25,45</td></tr>
<tr><td>Médical</td><td>81</td><td>Mixte</td><td>57</td><td>Mortalité</td><td>25-45</td></tr>
<tr><td>Médial</td><td>37</td><td>Mixtion</td><td>57</td><td>Mortifère</td><td>25, 45</td></tr>
<tr><td>Médiane</td><td>37</td><td>Mixture</td><td>57</td><td>Moteur</td><td>31, 57</td></tr>
<tr><td>Médiante</td><td>37</td><td>Mobile</td><td>45</td><td>Motion</td><td>31, 57</td></tr>
<tr><td>Médiateur</td><td>37</td><td>Mobilier</td><td>45</td><td>Mouvement</td><td>57</td></tr>
<tr><td>Médicament</td><td>20</td><td>Mobiliser</td><td>45</td><td>Mouvoir</td><td>57</td></tr>
<tr><td>Médicinal</td><td>17</td><td>Mobilité</td><td>45</td><td>Muet</td><td>37</td></tr>
<tr><td>Médiocre</td><td>37, 45</td><td>Mode</td><td>17</td><td>Multicolore</td><td>22, 37</td></tr>
</table>

P

Q

R

S

T

ERRATA

Page 13. — *A l'article* fuga, *après* subterfuge, *lire* subter *au lieu de* sub.

Page 13. — *Effacer la ligne* glossa ; *le mot est dérivé du grec.*

Page 14. — Mappa *signifie* serviette *et non* carte.

Page 14. — *A l'article* pecunia *retrancher* pécule.

Page 15. — *Au mot* turba *effacer* tourbillon, tourbillonner.

Page 18. — *Lire la note ainsi :* Pour trouver, etc., il faut substituer la lettre **i** à ces deux lettres.

Page 19. — *A l'article* imperium, *ôter* impératif, impérativement.

Page 23. — *Au mot* error, *effacer* erratum *et* errata. (*Voir ces dérivés au verbe* errare, *page* 55).

Page 25. — *A l'article* mons, *lire après le mont* Montmartre, martyrum, *des martyrs, au lieu de* Martis, Mars.

Page 27. — *Au mot* vapor, *lire* évaporation *au lieu de* évaporisation.

Page 28. — Examen *signifie aussi* essaim.

Page 32. — Gelu *veut plutôt dire* gelée.

Page 34. — *A l'article* captivus, *effacer* captation, capture, capturer. (*Voir page* 47 *le verbe* captare *et page* 60 *le verbe* capere).

Page 35. — *Mettre* ignare *à la place de* ignorant, ignorance. (*Voir le verbe* ignorare, *page* 49).

Page 36. — *Effacer la ligne* iratus. (*Voir page* 50 *à* irritare, *les dérivés.*

Page 38. — *La fin de l'article* quartus *se trouve au-dessus de la ligne.*

Page 39. — *Retrancher tout l'article* subjectus.

Page 46. — *A l'article* alacer, *lire* allègre, allègrement.

Page 47. — *Même observation que pour la note* 34. (*Voir page* 60).

Page 51. — *Ôter à l'article* notare, *les mots* note, notaire, notariat, notarié. (*Voir page* 80 *à* nota).

Page 51. — *A l'article* objectare, *retrancher* objection.

Page 53. — *Au mot* significare, *ôter* assignat, assignation, assigner.

Page 57. — *Ôter l'article* præmonere. (*Voir page* 71 *le verbe* munire).

Page 59. — *Effacer les mots* dévot, dévotement *à l'article* vovere.

Page 63. — *Retrancher tout l'article* jacere. (*Voir au mot* jactare, *se vanter, page* 50).

Page 65. — *Ôter à l'article* ostendere, *le mot* ostentation. (*Voir au verbe* ostentare, *page* 51).

Page 68. — *Retrancher à l'article* subjungere, *le mot* subjuguer. (*Voir page* 82 *à* jugum, *joug*).

Page 71. — *Après* aperire, *lire* ouvrir *au lieu de* couvrir.

Page 83. — *La suite de l'article* tuber, *bosse, se trouve au-dessus après les mots* séminaire, séminariste.

Page 84. *Effacer la ligne* species *et les autres mots.*

Saint-Amand (Cher). — Imprimerie DESTENAY.